이 책을 하늘 나라에 계신 나의 부모님,

스탠리 브리스코와 메리 브리스코(Stanley and Mary Briscoe) 두 분께 바친다.

두 분은 내가 어렸을 때부터, 온전한 삶을 살기 위해서는

'집중과 전념이 절대적으로 필요하다'는 사실을 가르치시고 몸소 보여주심으로써

이를 나의 마음 깊이 새겨주셨다.

두 분께 감사드린다.

Time Bandits
by Stuart Briscoe

Originally published in English under the title:
Time Bandits by Stuart Briscoe
Copyright ⓒ2005 by Stuart Briscoe
Published by Multnomah Books
a division of Random House, Inc.
12265 Oracle Boulevad, Suite 200
Colorado Springs, Colorado 80921 USA

All non-English rights are contracted through:
Gospel Literature International,
PO Box 4060, Ontario, CA 91761-1003, USA

This translation published by arrangement with
Multmomah Books, a division of Random House, Inc.

Korean translation copyright ⓒ2007 by Timothy Publishing House
6F Paidion Bldg. 1164-21, Gaepo-dong, Gangnam-Gu, Seoul, Korea

이 책의 한국어판 저작권은 Multnomah Publishers Inc.와의 독점판권 계약에 의해
도서출판 디모데에 있습니다. 저작권법에 의하여 한국 내에서 보호를 받는 저작물이므로
무단 전재와 무단 복제를 금합니다.

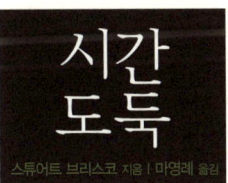

시간
도둑

스튜어트 브리스코 지음 | 마영례 옮김

CONTENTS

1장 | 시간 도둑 떼에 둘러싸이다	7
2장 | 먼저 하나님 나라를 구하라	17
3장 | 우선순위 점검하기	25
4장 | 하나님 나라의 방정식	35
5장 | 하나님 나라의 가치와 의미	45
6장 | 하나님 나라를 향한 첫걸음	55
7장 | 하나님 나라를 드러내라	63
8장 | 하나님 나라의 백성다운 품격 갖추기	71
9장 | 하나님 나라를 향한 추구	81
10장 | 하나님 나라를 확장하라	93
11장 | 주님께 모두 맡기라	101
12장 | 현실을 대하는 하나님 나라 백성의 관점	109
결론 | 시간을 구속하라	123

1장
시간 도둑 떼에 둘러싸이다

••• "목사님의 가장 큰 문제는 무엇인가요?"

그 질문은 너무 직설적이어서 일순간 나를 당황하게 만들었다. 나는 이제 막 젊은 기자와 한 시간 넘게 진행된 인터뷰를 마친 상태였다. 그런데 노트북을 챙겨 문 쪽으로 걸어나가던 그가 갑자기 뒤로 돌아서서 이 질문을 던진 것이다.

황급히 생각을 정리해보려고 했지만 아무런 생각도 나지 않았다. 결국 나는 스스로도 예상치 못했던 대답을 내놓고 말

앉다.

"우선순위를 세우는 것이오."

그러자 그는 고개를 끄덕이고 밖으로 나갔다.

그리고 그가 던진 질문은 온종일 내 귓가를 맴돌았다. 인생에 문제가 없을 수는 없다. 설령 내가 미처 발견하지 못한 문제들이 있더라도 아내는 알고 있을 것이다. 그렇지만 가장 큰 문제는 무엇일까? 나는 '대답하기 전에 충분한 시간이 주어졌더라면 좋았을 텐데' 라는 아쉬운 마음이 들었다. 그러나 한편으로는 그 문제에 대해 더 많이 생각할수록 그때 내가 엉겁결에 한 대답이 거의 맞을 거라는 확신이 들었다.

나는 내 우선순위에 문제가 있다는 것을 알았다.

내가 반드시 해야만 하는 일은 매일 있기 마련이다. 여기에는 재고의 여지가 없다. 그리고 이어서 내가 판단하기에 꼭 해야만 하는 일이 있고, 내가 반드시 하고 싶어 하는 일도 있다. 그 다음으로 다른 사람들이 나에게 기대하고 있는 일들과 또한 내가 하도록 다른 사람들이 나에게 요구하는 일들이 이어진다. 그리고 그 밖에 다른 일들이 계속될 것이다. 이쯤에서 나는 나 자신에게 이런 위로의 말을 건넨다. "충분한 시간이 주어지는 하루는 존재하지 않아!"

물론 그 결과는 참담할 것이다. 그날 내가 처리했어야 될 일들의 대다수는 완성되지 않은 채로, 그리고 그 가운데 어떤 것은 절반도 완성되지 않은 채로 남아 있을 것이다. 어떤 때는 덜 중요한 것들에 신경을 쓰는 동안 정말 중요한 것들을 놓치기도 한다. 그래서 종종 다른 사람들을 실망시키기도 하고 스스로 낙심하기도 한다.

나는 매일 아침마다 술주정꾼의 야유를 받는 미련한 카우보이의 심정이 되곤 한다. 그 카우보이는 말을 타고 술집에 도착해서 자신의 말을 말뚝에 매어놓는다. 그리고 귀리 자루를 꺼내 말 머리에 씌우기 시작한다. 지나가던 동네 주정꾼들이 이를 보고 "이 바보 같은 양반아, 당신의 말을 그 자루에 집어넣을 수 없다는 것은 삼척동자라도 알 수 있을 걸세"라고 빈정거리며 놀려대기 시작한다. 나는 이 카우보이의 상황만큼 나를 더 잘 대변하는 것은 없을 거라 생각한다.

나에게 주어진 시간 또한 내가 해야 할 산적한 일들을 처리하기에

> 내 삶에 요구되는 것들을 하기에는 나에게 주어진 시간이 너무나 부족했다.

는 턱없이 적었다.

"그것이 문제야!" 나는 결론을 내렸다. "만일 나에게 더 많은 시간이 주어진다면, 모든 일을 해낼 수 있을 거야." 그러나 곧바로 그것이 정말 맞는 말인지 의심이 갔다. 더 많은 시간이 주어진다는 것은 내가 해야 할 일이 그만큼 더 많이 늘어난다는 의미가 아니겠는가?

만일 하루에 더 많은 시간이 주어진다고 해도 문제가 해결되지 않는다면, 그때는 어떻게 하겠는가? 결국 해결책은 나에게 주어진 시간을 어떻게 효과적으로 사용하는가에 달려 있는 것이다.

그리고 그 순간 나는 우리 집 지붕 밑에서 내 시간을 훔쳐가기 위해 매복해 있는 도둑 떼가 있다는 사실을 눈치챘다. 나를 비롯한 이땅에 사는 모든 사람들에게는 매일 자기 마음대로 사용하거나, 남용하거나, 투자하거나, 아니면 낭비할 수 있는 하루 24시간이 주어진다. 그리고 이따금 나는 마치 복면 쓴 강도에게 내 시간을 강탈당하는 듯한 느낌에 사로잡힌다. 그들은 나를 둘러싼 수많은 요구와 방해, 위기와 사소한 일들, 유희와 좌절감이라는 탈을 쓰고 나에게 접근한다.

그들은 도둑이요, 강도요, 도적이다!

나는 그 당시 성장일로에 있던 엘름브룩 교회Elmbrook Church 의 담임목사였으며, 많은 사람들은 나의 일거수일투족에 대해 관심을 갖고 있는 것처럼 보였다. 그것은 당연한 일이었다. 어느 정도까지는 말이다. 그런데 어느 날 건장한 체격의 남성들이 나를 찾아와서 이렇게 말했다. "스튜어트 목사님, 우리는 목사님의 신체적 건강이 매우 중요하다고 생각합니다. 왜냐하면 만일 목사님의 건강이 나빠지면 목사님의 사역도 끝이 나기 때문이죠. 동의하시죠?" 물론 나는 동의했다. 그러자 그들이 말했다. "좋습니다. 우리는 모두 축구 팀에서 감독을 맡고 있습니다. 그래서 목사님이 매일 아침 운동을 했으면 하는 마음에서 체력 단련 프로그램을 짜왔습니다. 신체적 건강이 최우선 순위죠!"

그 무렵, 교인 가운데 한 박식한 여성이 내게 이런 말을 했다. "목사님, 우리는 설교자의 본분은 하나님의 말씀에 귀를 기울이고 그것을 주위 사람들에게 알려주는 것이라고 알고 있습니다. 그런데 우리가 생각하기에 목사님은 성경을 통해 하나님의 말씀을 듣는 일에는 탁월하시지만, 우리가 살고 있는 이

세상의 문화와는 잘 어울리지 못하는 것으로 보입니다. 그래서 우리는 목사님을 독서 클럽에 가입시켰습니다. 왜냐하면 독서야말로 세상과 소통하기 위한 무엇보다 중요한 우선순위니까요. 그렇지 않나요?"

"아, 맞습니다." 나는 확신과 동시에 위축감을 느끼면서 대답했다.

그리고 또 다른 친절한 성도가 찾아와 기도의 중요성에 대해 언급했다. 그는 자신이 마틴 루터에 관한 책을 읽었는데, 루터는 하루에 해야 할 일이 너무나 많아서 적어도 세 시간 이상 기도하지 않고서는 그날을 영위해갈 수 없었다고 알려주었다. 그리고 이런 말을 덧붙였다. "스튜어트 목사님, 우리는 목사님이 사역에 열정적이라는 사실은 알고 있지만 기도하는 데 충분한 시간을 보내시는지 궁금합니다. 기도는 중요한 우선순위죠. 그렇게 생각하시죠?"

"그렇고 말구요." 나는 약간의 죄책감을 느끼면서 당연하다는 듯이 대답했다. 그리고 한 번은 행복하고 건강한 가정을 꾸려가고 있는 부모들이 내게 이런 말을 했다. "목사님, 우리는 목사님이 우리를 신실하게 섬기는 것에 대해 진심으로 감사

드려요. 그렇지만 정작 목사님이 가정에는 소홀하지 않으실까 걱정이 됩니다. 목사님은 가족들과 충분한 시간을 보내고 계신가요? 만일 목사님이 목회자로서 성공한다 해도 아버지로서 실패한다면, 목사님의 신앙 고백은 물거품이 될 것입니다. 그러니 자녀들과 더 많은 시간을 보내셨으면 합니다. 가족이 목사님의 최우선순위라는 것을 잊지 마세요." 물론 나는 잊지 않고 있다.

그리고 한 귀여운 숙녀가 내게 이렇게 말했다. "목사님, 너무 피곤해보이세요. 휴식과 기분 전환은 충분히 하고 계신가요? 하나님도 엿새 동안 일하시고 일곱째 날에는 쉬셨다는 것을 기억하세요. 만약 목사님이 지금처럼 계속 일에만 묻혀 지내신다면 머지않아 쓰러지고 말 거예요. 적당한 휴식은 무엇보다 우선되어야 한다는 거 아시죠?"

> 그렇지만 이 모든 우선순위를 어떻게 다 챙길 수 있겠는가?

물론 알고 있다.

그렇지만 이 모든 우선순위를 어떻게 다 챙길 수 있겠는가? 손에 책을 들고 아이들과 달리기를 하면서 한쪽 눈으로는

1장 시간 도둑 떼에 둘러싸이다 _ 13

책을 읽고 다른 눈은 감은 채 기도를 드리면서 동시에 그 시간 내내 휴식을 취한다면 가능할지도 모르겠다.

나는 '하나님 먼저, 가정은 두 번째, 일은 그 다음'이라는 널리 알려진 공식을 잘 알고 있다. 그렇지만 그 공식은 근본적으로는 건전한 것이지만 항상 적용되는 것은 아니다. 예를 들면, 미식축구 팀 그린 베이 패커스의 전설적인 감독인 빈스 롬바르디Vince Lombardi는 '인생의 삼위일체'를 믿었는데, 그의 삶은 '하나님, 가정 그리고 그린 베이 패커스'로 이루어졌다. 그의 전기 작가에 의하면 그는 자신의 인생을 그 우선순위대로 살았다. 그렇지만 실생활에서 그의 가정은 보통 하나님과 패커스에 대한 두 가지 열정에 밀려 그의 마음과 생각 가운데서 세 번째 자리로 밀려났다.[1] 그리고 나는 맥도날드의 창업자인 레이 크록Ray Kroc에 관해 읽은 적이 있다. 그는 한 기자에게 자신의 우선순위는 "하나님이 첫 번째, 가족이 두 번째, 그리고 맥도날드는 세 번째"라고 말했지만, 곧 이어서 자신이 사무실에 들어서는 순간 그 순서는 거꾸로 뒤집힌다고 덧붙였다. 이처럼

---

1. David Marannis, When Pride Still Mattered(New York: Touchstone Press, 1999), 242-3.

크게 성공한 사람들 역시 우선순위에 관한 문제를 갖고 있다. 하지만 최소한 나의 경우 좋은 동료들이 있다. 나는 그들로 인해 위안을 얻고 있다. 시간 도둑에 포위되었을 때 주위에 동료들이 함께 있다는 것은 좋은 일이다.

> **Key Point**
>
> 만일 하루에 더 많은 시간이 주어진다고 해도 문제가 해결되지 않는다면, 그때는 어떻게 하겠는가? 결국 해결책은 나에게 주어진 시간을 어떻게 효과적으로 사용하는가에 달려 있는 것이다.

2장
먼저 하나님 나라를 구하라

••• 어머니는 엄격한 시간 관리를 통해 매우 규칙적으로 생활하셨던 분이다. 그래서 체계적으로 생활하지 못하는 나에게 가끔씩 실망하곤 하셨다. 어머니는 늘상 "중요한 일을 먼저 해라!"고 말씀하셨다. 하지만 어떤 '일'이 '중요한 일'인지 어떻게 결정할 수 있는가? 이것이 내가 풀어야 할 숙제였다. 그래서 나는 종종 내가 내린 결론과 어머니의 의견이 정확하게 일치하지 않는 경우를 보곤했다. 그럼에도 불구하고 어머니가 말씀하신 "중요한 일을 먼저 해라!"는 충고

는 내 무의식 한쪽에 견고히 자리잡았다.

나는 그 원리를 실천하기를 간절히 원했지만 그것으로 인해 오랫동안 실망감만 느껴왔다. 결국 나는 그 원리에 대해 생각하기를 포기하고 우선순위에 관한 특별한 접근 방법을 개발해냈다. 내 삶은 서커스 공연에서 접시 돌리기를 하는 광대와 유사했다. 그는 접시 돌리기를 한번 시작하면 여러 개의 접시가 떨어지지 않고 동시에 돌아가도록 하기 위해 이리저리 필사적으로 뛰어다녀야 한다. 이러한 광대의 모습과 나의 삶이 닮아가기 시작한 것이다.

그러다 어느 화창한 날에 내 삶을 전적으로 변화시켜준 산상수훈을 읽게 되었다. 그 내용은 타이틀에서 예측할 수 있듯이 예수님의 설교 가운데 일부를 기록한 것인데, 어떤 성경 학자는 그분의 말씀 가운데 일부분을 편집한 것으로 보기도 한다. 예수님은 사람들에 대한 성부 하나님의 관심에 관해 말씀하고 계셨다. 그 말씀은 이런 것이었다.

"너희는 먼저 그의 나라와 그의 의를 구하라 그리하면 이 모든 것을 너희에게 더하시리라"(마 6:33).

그 순간 "중요한 일을 먼저 하라!"는 말이 내 기억 창고에서 다시 모습을 드러내어 그리스도가 하신 '먼저 그의 나라'란 말씀 옆에 자리를 잡았다.

'중요한 일을 먼저 하라, 먼저 그의 나라를.'

이 두 개의 짧은 문장에는 서로 통하는 것이 있다. 두 문장은 서로 잘 어울려보였다. 나는 예수님이 우리에게 우선순위에 해당하는 말씀을 하신다는 것이 가능한 일인지 궁금해졌다. 정말로 그분은 '먼저 해야 할 일'이 하나님의 나라라고 말씀하셨을까? 그리고 다른 모든 것은 그 나라 뒤에 따라오는 것이라고 말씀하셨을까? 그것은 첫 번째, 두 번째, 세 번째로 순서를 정할 만한 일이 아니라고 말씀하셨을까? 어쩌면 그 나라가 가장 중요한 것이고, 다른 모든 것은 덜 중요한 것일 수도 있다. 그것은 신중하게 고찰할 가치가 있는 말씀이었다. 그렇다고 내가 그 말씀을 새로 배웠다는 의미는 아니다. 그 말씀은 내가 무언가를 배우기 시작했을 무렵부터 이미 부모님께 들어왔던 내용이었다. 그렇지만 내가 조금 더 책임 있는 삶을 살

> 신약 시대의 예수님이 현재 우리에게 우선순위에 대해 말씀하신다는 것이 가능한 일인가?

고 인생을 조금 더 진지하게 여기기 시작하면서 내가 그 말씀을 어떻게 실천하고 있는지 진지하게 점검할 필요를 느꼈다.

그래서 먼저 그 구절의 앞뒤 문장을 읽기 시작했다. 성경을 많이 읽어본 사람이라면 같은 말씀이라도 어느 문맥 가운데 위치하느냐에 따라 그 해석이 달라질 수 있다는 사실을 잘 알고 있을 것이다. 예수님이 하신 말씀은 다음과 같다.

"그러므로 내가 너희에게 이르노니 목숨을 위하여 무엇을 먹을까 무엇을 마실까 몸을 위하여 무엇을 입을까 염려하지 말라 목숨이 음식보다 중하지 아니하며 몸이 의복보다 중하지 아니하냐 공중의 새를 보라 심지도 않고 거두지도 않고 창고에 모아들이지도 아니하되 너희 천부께서 기르시나니 너희는 이것들보다 귀하지 아니하냐 너희 중에 누가 염려함으로 그 키를 한 자나 더할 수 있느냐 또 너희가 어찌 의복을 위하여 염려하느냐 들의 백합화가 어떻게 자라는가 생각하여 보라 수고도 아니하고 길쌈도 아니하느니라 그러나 내가 너희에게 말하노니 솔로몬의 모든 영광으로도 입은 것이 이 꽃 하나만 같지 못하였느니라 오늘 있다가 내일 아궁이에 던지우는 들풀도 하나님이 이렇게 입히시거든

하물며 너희일까보냐 믿음이 적은 자들아 그러므로 염려하여 이르기를 무엇을 먹을까 무엇을 마실까 무엇을 입을까 하지 말라 이는 다 이방인들이 구하는 것이라 너희 천부께서 이 모든 것이 너희에게 있어야 할 줄을 아시느니라 너희는 먼저 그의 나라와 그의 의를 구하라 그리하면 이 모든 것을 너희에게 더하시리라 그러므로 내일 일을 위하여 염려하지 말라 내일 일은 내일 염려할 것이요 한 날 괴로움은 그 날에 족하니라"(마 6:25-34).

예수님이 사람들에게 우선순위에 관해 말씀하신 것은 그들이 잘못된 길에 빠질 위험에 처해 있었기 때문이었다. 만일 사람들이 올바른 길로 가지 않는다면 사소한 것들을 가장 중요한 위치에 두고, 정작 가장 중요한 일들은 사소한 일 가운데 두는 치명적인 잘못을 저지르게 될 터였다.

그렇다면 우리는 가장 중요한 것이 무엇인지를 어떻게 결정할 수 있는가? 이것은 굽은 것과 곧은 것, 평평한 것과 경사진 것을 분별하는 것과 같다. 따라서 기준이 되는 측정 기구가 필요하다. 예수님이 사람들에게 하신 말씀이 바로 그것이다. 그 나라가 먼저이고, 나머지 모든 것들은 기껏해야 두 번째다.

내가 맨 처음 보인 반응은 다소 부정적이고 비판적이었다. '음, 이건 정말 근사한 말이군. 그렇지만 그것은 실현 불가능한 일이야. 예수님은 모든 것을 영적인 차원으로 승화시키시는 가운데 그 나라야말로 진정한 행동이 존재하는 곳이고 다른 것들은 모두 하찮은 것이라고 말씀하시는 거야. 그렇지만 우리는 여전히 이땅에서 살아야 하는 걸. 삶이라는 현실을 무시하고 그 나라만을 생각하면서 살아갈 수는 없어.' 그러나 예수님은 절대 일상적인 관심사는 별로 중요하지 않으며 무시되어야 할 것들이라고 말씀하시지 않았다.

이와 반대로, 그분은 '이 모든 것'에 깊이 주목하시면서, 사람들에게 하늘 아버지가 그 모든 것을 익히 아시며 그것들을 공급하는 일에 개입하고 있다는 사실을 분명하게 말씀하고 계시다. 만일 그들이 그 나라를 먼저 생각한다면, '이 모든 것'은 그들에게 알맞은 때와 장소에 채워질 것이다. 그분은 이런 정당한 요구들이 중요하지 않다고 말씀하시는 것이 아니라 덜 중요하다고 말씀하시는 것이다.

나는 이 너무도 단순하면서도 깊이 있는 원리를 생각하는 가운데 다시 생각하고, 다르게 생각해야 할 것들이 너무나 많다는 사실을 깨달았다.

> **Key Point**
>
> 예수님은 "먼저 그의 나라를 구하라"고 말씀하심으로써 우리에게 우선순위의 기준을 제시하셨다. 즉, '그의 나라'가 첫 번째, 그 나머지 것들은 그 다음 순위로 배치되어야 한다는 것이다.

3장
우선순위 점검하기

•••자신이 무언가를 잘못된 방식으로 행하고 있을 수 있다는 사실을 깨닫는 순간 우리는 정신이 번쩍 드는 느낌을 받는다. 작은 일들에 골몰한다는 것은 중대한 실수를 만들 수 있다는 것을 의미하기 때문이다. 예수님은 무엇을 입을까 걱정하면서 정작 우리의 삶이 어디로 향하고 있는지는 전혀 생각하지 않는 것은 어리석은 일이라고 말씀하심으로써 이 사실을 분명하게 지적하셨다 마 6:23 참조

그것은 '잘 차려입고 아무 데도 갈 곳이 없는 것' 보다 더

안 좋은 상황이다. 더 중요한 것은 예수님은 사람들에게 땅에 보물을 쌓아놓고 천국에서는 거지가 되는 것보다 더한 재앙은 없다고 일깨워주셨다. 우리가 땅에 쌓아놓은 재물은 우리가 죽을 때 그곳에 남겨두고 떠날 수밖에 없는 것이며, 천국에 쌓아둔 가치는 영원히 존재한다는 사실 때문이다.

미국 서부개척 시대에는 도둑 떼가 역마차를 습격하는 일이 잦았다. 이때 도둑들은 사람들에게 총부리를 들이대고 이렇게 외쳤다. "돈을 내놓을 테냐, 아니면 목숨을 내놓을 테냐?" 그 경우 무엇을 선택했을지는 불보듯 뻔한 일이다. 그렇지만 예수님의 말씀을 읽어보니, 시간 도둑은 그런 선택의 기회를 주지 않는다는 사실을 깨달았다. 그들은 우리의 '돈과 생명', 즉 우리의 시간과 우리의 영원한 운명 모두를 원한다. 그들은 이땅에서의 귀중한 시간과 하늘에서의 무한한 상급 모두를 빼앗아갈 것이다.

그리고 그들이 가장 먼저 공략하는 곳은 항상 우리의 우선순위다. 우리가 가장 먼저 해야 할 일은 기존의 우선순위 리스트를 재평가하는 것이다. 최소한 그렇게 하면 달을 향해 가는 우주 비행사가 자기 궤도를 수정하듯 자신의 삶을 중간 점검할 수 있는 기회를 가질 수 있다. 우주 비행사는 처음 비행을 시작할 때 존재하는 단 몇 도의 차이가 며칠 뒤에 달로부터 영원히 멀어지게 하는 원인이 된다는 사실을 잘 알고 있다. 그래서 그들은 계속해서 궤도를 점검하면서 자기 궤도를 유지하기 위해 필요한 수정을 가한다. 마찬가지로 우리의 삶도 궤도 이탈을 방지하기 위한 지속적인 수정이 필요하다.

그렇지만 우리의 우선순위를 재평가하는 것보다 선행되어야 할 것이 있다. 자신의 우선순위가 무엇인지 파악하는 작업이다. 예수님은 이 점에 대해 우리에게 큰 도움이 되는 설교를 들려주셨다. 물론 그분은 우선순위란 말을 사용하지는 않으셨다. 그러나 그것을 파악하는 방법을 확실하게 보여주셨다. 예수님이 들려주신 말씀의 요지는 다음과 같다.

우리가 걱정하는 것들

"목숨을 위하여 염려하지 말라"(마 6:25).

"너희 중에 누가 염려함으로 그 키를 한 자나 더할 수 있느냐"(27절).

"너희가 어찌 의복을 위하여 염려하느냐"(28절).

"그러므로 염려하여 이르기를 무엇을 먹을까 무엇을 마실까 무엇을 입을까 하지 말라"(31절).

"내일 일을 위하여 염려하지 말라"(34절).

여기서 나는 왜 예수님이 염려를 강조하고 계시는지 의문이 들었다. 아마도 염려하는 것들이 예수님 당시의 사람들에게 가장 중요한 문제였기 때문일 것이다. 그러므로 만일 우리가 무엇을 걱정하고 있는지를 파악한다면 우리의 우선순위가 무엇인지도 발견할 수 있을 것이다.

옛날 사람들이 걱정하던 대상들에 대해 알아보는 것은 매우 재미있는 일이다.

- 음식(Food) - 무엇을 먹을지 걱정하기.
- 의복(Fashion) - 무엇을 입을지 걱정하기.
- 건강(Fitness) - 목숨을 한 시간이라도 연장하기.
- 미래(Future) - 내일 일을 염려하기.
- 재정(Finances) - 보물을 땅에 쌓아두기.

이런 것들이 친숙하게 들리는가? 물론 그럴 것이다. 그리고 그것은 수십 세기가 지난 지금에도 거의 변하지 않은 사실을 알려준다. 사람들은 자신의 삶에 절대적으로 필요하다고 판단되는 것들을 삶의 최우선순위로 삼는다는 점이다. 그

> 시간 도둑은 우리의 '돈과 생명', 즉 우리의 시간과 우리의 영원한 운명 모두를 원한다.

렇지만 그것은 정말로 우리가 생각하는 것만큼 그렇게 중요한 것일까? 우리가 걱정하는 그것이 바로 우리의 우선순위다.

자유 시간에 행하는 활동들

예수님은 또한 "새들은 심지도 않고 거두지도 않고 창고에 모아들이지도 아니하며 백합화는 수고도 아니하고 길쌈도 아니하지만, 그 새와 꽃은 모두 하나님의 충분한 돌보심을 받는다"는 사실을 지적하셨다. 그렇다고 예수님이 열심히 일하는 것을 비난하신 것은 아니다. 또한 우리의 양식이 매 끼니 때마다 금으로 만든 접시에 담겨져 하늘에서 내려올 것이라고 말하시는 것도 아니다. 다만 예수님은 사람들에게 공중의 새와 들의 꽃들도 하늘 아버지로부터 돌보심을 받으므로, 우리도 현실적인 욕구에 의해 자연스럽게 우선순위가 된 활동들에 신경을

덜 써야 한다고 말씀하신다. 그러면 우리는 이렇게 반응할 것이다. "그렇다면 만일 우리가 가족을 돌보는 일에 시간과 열심을 낸다면 우리의 우선순위가 잘못된 건가요? 가족을 먹이고, 입히고, 재우시는 것은 오직 하나님께만 의지해야 된다는 말인가요? 여기에는 대학 등록금도 포함되는 건가요?" 물론 그런 것은 아니다. 그러나 그분은 더 높은 것들을 뒤로한 채 땅에서 필요한 것들에 얽매여 사는 삶은 잘못된 우선순위에 기초한 삶이라고 말씀하고 있다.

우리의 우선순위를 평가할 수 있는 잣대로는 어떤 것이 있을까? 대표적으로 '자유 시간'을 들 수 있다. 일단 대부분의 사람들은 자신에게 주어진 자유 시간-우리가 해야만 하는 일이 아닌 우리가 자발적으로 하고 싶어 하는 일에 재량껏 사용할 수 있도록 주어진 시간-의 양이 개인마다 다르다는 사실에 동의할 것이다. 이러한 자유 시간에 우리가 행하는 활동들은 우리의 우선순위와 밀접하게 관련되어 있다. 우리는 자신이 정말로 하고 싶어하는 일을 위해서는 얼마든지 시간을 만들어낼 수 있고, 이것은 곧 우리의 우선순위가 된다.

내가 럭비 선수였던 시절, 우리 팀을 변함없이 후원하던 나이 지긋한 신사분이 있었다. 그는 비가 오나 눈이 오나 바람이 불거나 상관없이 우리 경기를 하나도 빼놓지 않고 참관했다. 그는 경기 내내 외투 속에 몸을 웅크리고 앉아 경기 결과에 따라 얼굴이 붉어졌다, 파래졌다, 보랏빛으로 변했다가 암갈색으로 물들곤 했다. 럭비 경기는 토요일마다 열렸기 때문에 성가대원으로 활동했던 그는 다음날에도 쉬지 못하고 교회 성가대석에 앉아 노래를 불러야 했다. 결국 그에게는 월요일이면 감기에 잔뜩 걸리는 악순환이 반복되었다. 그럴 때면, 그의 딸의 말을 빌리자면, 그는 침대에 누워 기침을 하고 가래를 뱉어내면서 이렇게 투덜거렸다고 한다. "교회 성가대 자리는 외풍이 너무 세. 성가대를 그만두던지 해야야 안 되겠어." 물론 럭비장에서 눈보라를 맞던 이야기는 단 한 마디도 꺼내지 않았다고 한다. 우리의 활동(특히 자유 시간에 하는)은 우리의 우선순위가 무엇인지 잘 보여준다.

우리가 갈망하는 것들

예수님은 이런 것들은 이방인들이 '구하는' 것이라고 말씀하시고 곧이어 우리는 먼저 그 나라를 '구해야' 한다고 요구하셨다. 이때 동일한 낱말을 사용하셨는데, 그것은 매우 강력한 메세지다. 바꾸어 말하면, 예수님은 어떤 특정한 것들을 갈망하거나 간절히 바라는 사람들에 관해 말씀하고 계신 것이다. 그것은 그들 자신에게 매우 중요한 것, 혹은 우선순위가 된다.

내게는 대학 축구 팀 선수로 뛰기를 간절히 바랬던 손자가 있다. 그는 결국 그 꿈을 이루어 대학 2학년 때 선발 출전에 나갈 수 있었고 훌륭한 플레이를 펼쳤다. 그 후 그는 3학년 때 주장이 되겠다는 목표를 세웠다. 그리고 그것 역시 이루었다. 나는 이외에도 서른 살이 되기 전에 백만장자가 되겠다는 간절한 욕구와 집념, 우선순위를 가졌던 사람들을 많이 알고 있다. 그리고 그들은 모두 그것을 이루었다. 그렇지만 이런 예에서 확인할 수 있듯이 목표가 성취되고 갈망하던 것을 얻기 위해서는 최우선 목표가 명확하게 정의되고 다른 것들은 부차적인 것일 때 가능하다. 당신이 간절히 바라는 것이 무엇인지 손가락으로 가리키라. 그러면 당신의 우선순위가 무엇인지 알 수 있다.

걱정, 활동 그리고 야망은 현존하는 우선순위가 무엇인지 알려주는 지침이다. 우리는 누구나 그런 것들을 갖고 있다. 그래서 작은 것들에 치중하기를 원하지 않으며 또한 너무 늦게 발견하기를 원하지 않는다. 따라서 그것들을 바르게 평가해야만 한다.

만일 시간 도둑에 맞서 싸우기 원한다면 그들의 테크닉을 배우고, 그들의 특징을 파악하고, 그들의 본거지를 추적해야 한다. 즉, 우리의 시간이 어디로 향하고 있는지를 인식하라는 것이다.

이것은 우리의 현재 우선순위와 관련이 있으며 그 가운데 어떤 것은 복면 뒤에 숨어 있다.

Key Point

시간 도둑이 가장 먼저 공략하는 곳은 우리의 우선순위다. 따라서 우리는 무엇보다 기존의 우선순위 리스트를 점검하고 재평가하는 작업을 선행해야 한다. 이때 우리의 걱정, 좋아하는 활동, 야망이 우리의 우선순위가 된다.

4장
하나님 나라의 방정식

···두 사람이 골프를 치다가 샷 사이에 한 사람이 다른 사람에게 물었다. "자네 아내는 어떤가?"

"무엇과 비교해서 말인가?" 상대방이 되물었다.

두 기혼 남성 사이에 흔히 오갈 수 있는 대화 내용 같지만 이 말에는 주목할만한 가치가 있다. 우리가 기존에 갖고 있는 우선순위는 순서가 뒤바꿔 있을 수 있다. 그렇기 때문에 우선순위를 평가할 때 그 우선순위의 타당성을 가늠할 수 있는 기준이 필요하다. 그래서 "우리의 우선순위는 어떠한가?"라는 질문에는 반드시 "무엇과 비교해서 말인가?"라는 대답이 요구된다.

예수님은 "먼저 그의 나라를 구하라"고 명하실 때 그 뜻은 "인생의 의미를 무시하면서까지 인생의 사소한 것들에 얽매이지 말라. 영원한 의미를 가진 일들에 사용되어야 할 에너지를 가치 없는 것들에 사용하지 말라"고 말씀하신 것이다. 그렇지만 인생의 의미는 누가 결정하며 어떤 것에 영원한 가치가 있는지의 여부는 누가 정하는 것일까? 이것이 바로 '그 나라'의 방정식이 시작되는 지점이다.

예수님이 전하신 메시지의 요지는 그 나라는 다림줄이며 다른 모든 것은 이것과 비교되어야 한다는 것이다. 다시 말해 그 나라는 중심이며 다른 모든 것은 이것을 중심으로 돌아가야 한다. 그 나라는 표준이며 다른 모든 것은 이것을 통해 가늠되어야 한다.

> 그 나라는 표준이며
> 다른 모든 것은 이것을 통해
> 가늠되어야 한다.

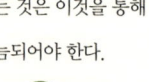

그렇지만 그분이 말씀하신 그 나라는 무엇을 의미하는가? 그분이 말씀하신 그 나라가 가리키는 것은 무엇인가? 예수님 당시에는 많은 나라

들이 있었다. 그분을 가장 가까이에서 따르던 제자들도 그 나라가 어떤 나라를 말하는지 파악하는 데 어려움을 느꼈다.

예수님은 "너희는 먼저 그의 나라와 그의 의를 구하라"고 말씀하셨다. 누구의 나라인가? 여기서 '그'는 누구인가? 이 말씀의 문맥은 예수님이 '하늘에 계신 아버지'와 그분의 '나라'에 대해 말씀하고 있음을 보여준다. 아니면 사람들이 좋아하는 '하나님 나라 the kingdom of God'나 '하늘 나라 the kingdom of heaven'도 좋다.

어떤 사람은 '하나님 나라' 마가와 누가가 선호한 와 '하늘 나라' 마태가 선호한 를 서로 다른 별개의 나라로 본다. 그러나 이 두 용어는 하나의 동일한 실체를 가리키고 있다. 그 훌륭한 근거는 마태가 '하나님 나라'보다 '하늘 나라'를 선호했다는 사실에서 찾을 수 있다. 마태는 거룩한 호칭이라는 이유로 '하나님'이라는 단어를 사용하기 꺼려하던 유대인을 위해 동의어로 쓰이던 '하늘'이란 단어를 사용하여 - 어떤 신학자들은 이런 관습을 완곡어라 부른다 - 복음서를 기록했다.

그렇다면 예수님은 무엇에 대해 말씀하신 것일까? 그분은 자신이 엄청나게 많은시간 동안 말해왔던 바로 그것, 즉 하나님 나라는 다른 모든 실재들을 초월하는 실재라는 사실을 말씀하고 계신 것이다.

그렇지만 그분이 말씀하신 '하나님 나라'는 정확하게 무엇을 의미할까? 성경에 담긴 메시지는 착하고 의로운 선한 세력과 못되고 불의한 악한 세력들 사이의 다툼을 중심으로 전개된다. 그리고 이들 '세력들' 뒤에 하나님과 마귀 사이의 갈등이라는 끔찍한 실재가 존재한다.

예수님이 마귀의 존재를 믿고 계셨다는 사실에는 의문의 여지가 없다. 그분은 세례를 받으시고 공생애 사역을 시작하신 직후에 광야에서 마귀와 기념비적인 만남을 가지셨고, 사역을 하시는 동안에는 마귀와 그의 수하들이 자신의 사역을 맹렬히 방해했다는 것을 명확하게 밝히셨다. 그래서 그분은 눈 멀고 벙어리 된 자에게서 귀신을 쫓아내시면서 이렇게 기탄없이 밝히셨다.

> "그러나 내가 하나님의 성령을 힘입어 귀신을 쫓아내는 것이면 하나님의 나라가 이미 너희에게 임하였느니라"(마 12:28).

이를 바꾸어 말하면, 그분은 바리새인들에게 그들이 악마의 세력보다 더 큰 힘이 임한 것을 분명히 보았다고 말씀하고 계신 것이다. 이 막강한 힘은 다름 아니라 바로 그들 가운데 역사하시는 하나님의 능력이다. 그 능력이 그들이 보는 앞에 드러났기 때문에 그들은 전혀 이의를 제기할 수 없었다.

따라서 예수님의 생각 가운데서는 '나라'와 '능력'이 밀접하게 연결되어 있고, 이 둘 사이의 관계가 그것을 지켜보는 이들에게 극적인 방법으로 제시된 것이다. 하나님 나라는 마귀가 자신의 영역이라고 주장하는 공간에서 드러난 하나님의 능력 그 자체다. 그곳은 수많은 남녀노소가 일상적인 삶을 살아가고 있는 바로 그곳이다. 예수님은 마귀의 활동에 반격을 가하고, 이전까지 마귀가 통치하던 곳에 하나님의 통치와 능력, 다스림을 회복시키러 오셨다.

예수님은 그 싸움이 길고 맹렬할 것임을 잘 아셨지만, 그와 함께 결국에는 하나님이 승리를 거두시고 그분의 나라가 세워질 것임을 분명히 인식하셨다. 그분은 이런 인식 가운데 제자들에게 "나라이 임하옵시며 뜻이 하늘에서 이룬 것같이 땅에서도 이루어지이다"^{마 6:10} 라고 기도함으로써 하나님의 궁극적인 승리에 초점을 맞추라고 가르치셨다.

이 말에 놀라서는 안 된다. 왜냐하면 예수님의 선구자인 세례 요한은 백성들에게 그 나라가 그들의 삶 가운데 파고들 것이라고 경고했고, 예수님도 그와 동일한 말씀을 강력하게 선포하심으로써 사역을 시작하셨기 때문이다. 그분은 처음 시작할 때부터 이렇게 선포하셨다. "하나님 나라가 가까왔다."

그리고 혹자는 이렇게 질문할 수도 있다. "도대체 이 사실이 나와 내 우선순위와 무슨 상관이 있다는 것이지요?" 반가운 질문이다.

1991년에 치러진 걸프전과 그 뒤를 이어 2003년에 치러진 이라크 전쟁에서 연합군이 행한 전투의 대부분은 전투기 공격으로 치루어졌다. 공군 조정사는 목표물을 확인하기 힘들 정도로 먼 거리인 9킬로미터 떨어진 곳에서 적의 근거지에 폭탄을 집중 투하했다. 더 놀라운 것은 이 작전을 지휘한 중앙작전본부는 그곳에서 수천 킬로미터나 떨어진 플로리다에 자리잡고 있었다는 사실이다. 그렇지만 그 전쟁을 그렇게 멀리 떨어진 곳에서만 수행하는 것은 역부족이었다. 지상군 투입이 불가피해졌다. 결국 보병, 낙하산 부대 그리고 해병대가 움직였다.

이때 플로리다에 있는 지휘본부가 수행하는 전쟁과 지상군이 수행하는 전쟁은 동일한 전쟁이었다. 그렇지만 플로리다의 장교들과 격전지에 투입된 지상군에게 있어서 전쟁이 의미하는 바는 전혀 달랐다. 그것은 매일 집에서 출퇴근하는 것과 일 년 동안 집에 들어가지 못하는 것과 같은 이치였다. 또한 변덕스러운 컴퓨터 때문에 짜증을 내는 것과 머리에 총알을 맞는 것과 같은 엄청난 차이였다.

마찬가지로 하나님과 마귀 혹은 선과 악 사이의 싸움은 동일한 차원에서 치러지지만, 당신과 나는 '지상군'이다. 우리는 최전방에 투입된 것이다.

그 말은 어떤 의미인가? 우리는 우리가 알고 있는 것보다 악의 세력에 대해 더 취약할 수 있으며, 이는 우리가 파악하고 있는 것보다 하나님의 개입을 더 많이 필요로 하고 있다는 것을 의미한다.

그리고 우리는 마귀를 비롯한 다른 영적 세력들의 간섭에 대해서만 생각해서는 안 된다. 우리의 잘못 짜여진 우선순위와 왜곡된 생각과 흐릿한 지각은 때때로 우리의 최대 적이 되기도 한다. 시간 도둑은 그것이 무엇이든지 그 사람이 누구이든지

간에 상관없이 살아계신 하나님의 다스리심과 능력 가운데 살아가는 우리의 삶을 무너뜨린다.

우리는 이 대적들을 어떻게 상대해야 할까? 바로 하나님 나라 – 그분의 능력과 통치, 그분의 반격하는 힘, 그리고 진리를 따라 우리의 삶을 재구축하고 새로운 질서를 부여하는 일 – 가 필수적이라는 인식을 통해서다. 아니면 우리는 이렇게 말해야 할 수도 있다. "하나님 나라를 개인적인 실재로 인식하는 것은 반드시 먼저 해야 할 최우선의 일이다."

그러나 우리는 하나님 나라를 강력한 실재로 인식하고 받아들이는 대신 단지 추상적인 의미로만 생각하는 경향이 있다. 예를 들어 한 남자가 집 앞 자동차 진입로에 새로 콘크리트를 깔고 느긋하게 앉아 신문을 읽고 있었다. 그러다 그는 한 소년이 아직 굳지 않은 콘트리트 위를 조심스럽게 걸어가는 것을 발견했다. 그는 당장 밖으로 달려나가 그 소년의 행동에 대해 욕설을 잔뜩 퍼부었다. 그때 한 목사가 우연히 그 곁을 지나가다 짐짓 거만한 목소리로 이렇게 말했다. "전 당신이 아이들을 사랑한다고 생각했습니다."

"물론이죠." 화가 난 그가 대답했다. "다만 마음속으로는 사랑하는데, 막 타설한 콘크리트를 밟고 지나간 아이에게는 그렇게 안 되네요."

이 남자처럼 우리도 머리와 마음 속으로는 하나님을 인식하고 있지만, 실생활 속에서는 마치 하나님을 알지 못하는 사람들 같이 행동할 때가 많다.

> **Key Point**
>
> 우리의 잘못 짜여진 우선순위는 우리가 하나님의 다스림과 능력 가운데 살아가는 것을 차단한다. 그러므로 우리는 '하나님 나라'의 방정식에 입각하여 올바른 우선순위를 세워야 한다.

5장
하나님 나라의 가치와 의미

••• 1485년 8월 22일 보스워스Bosworth에서 피비린내나는 치열한 전투가 벌어졌다. 이 전투에서 리치먼드 백작The Earl of Richmond인 헨리 튜더Henry Tudor가 이끄는 군대는 잉글랜드의 리처드 3세Richard III 국왕과 싸워 승리했다. 리처드 3세가 이끄는 군대의 많은 장교들은 그의 속임수와 배신, 그리고 살인에 염증을 느끼고 그의 곁을 떠났다. 그는 용감히 싸웠지만 육박전을 하던 도중 그가 탄 말이 쓰러졌다. 한창 싸움이 진행되는 가운데 말을 타지 않은 왕이 있을 곳은

존재하지 않았다. 그는 전쟁의 소음 가운데 자기 목소리가 들릴 수 있도록 소리 높여 외쳤다. "말, 말을 다오! 내 나라라도 줄테니 말을 다오!" 적어도 그는 셰익스피어의 희곡에서만큼은 이렇게 말했다.

나라를 얻는 것은 리처드 3세의 어리석은 집착이었다. 그는 계략을 꾸미고, 배신하고, 속였다. 그는 살인도 서슴지 않았는데 어떤 이는 그가 자신의 아내도 살해했다고 말했다. 그리고 어쩌면 유아 살해를 저질렀을 수도 있다. 그는 런던 탑에 있는 어린 왕자들의 죽음에 책임이 있다는 광범위한 의혹을 받고 있다. 그는 권좌에 오르기 위해 무수히 많은 살인을 저질렀고 그의 손은 무고한 희생자들의 피로 얼룩졌다. 그러나 리처드 3세가 말을 잃은 순간, 자신만의 왕국에 대한 추구는 급속하게 종말을 향해 치달았다. 그리고 왕국은 갑작스럽게 다른 것과 타협할 수 있는 것으로 전락했다. 그 순간 그에게는 용감한 말이 필요했다. 그게 아니라면 늙은 말이라도 좋았다. 만일 누구라도 그에게 말을 주어서 그의 목숨을 보존할 수 있게 해준다면, 그는 그 생명의 은인에게 나라라도 주었을 것이다. 죽은 다음에 나라가 무슨 소용이 있겠는가? 그의 성인기에 최대 목표였고 말로 다할 수 없는 무리수까지 두게 만들었던 그의 나라가 아무 의미 없는 땅덩어리로 전락한 것이다.

　이와 반대로 나는 이야기의 대가, 예수님이 들려주신 두 가지 이야기를 다시금 상기시키려고 한다. 예수님 당시에 그러니까 라디오나 텔레비전, 신문, 저렴한 문고본 서적조차 존재하지 않던 시대에 타고난 이야기꾼의 인기는 대단한 것이었다. 그는 어둡고 긴 밤을 자신의 이야기로 채워주었을 뿐 아니라, 과거의 전통을 후대에 이어주는 선생이자 도덕적 안내자로서의 역할을 담당했다. 예수님은 특히 비유 혹은 우화를 들려주는 것을 즐기셨는데, 그 우화는 듣는 이들을 계몽시키고 단순히 호기심을 만족시켜주는 것 이상의 성과를 나타냈다. 나는 학창 시절에 비유는 천상의 의미를 갖고 있는 지상의 이야기라고 배웠다. 같은 방을 사용하던 한 친구는 비유에 대한 정의를 내리라는 요구에 별다른 주의를 기울이지 않고 이렇게 말했다. "나는 비유가 세속적인 의미를 갖고 있는 따분한 이야기라고 생각해." 하지만 전혀 그렇지 않다!

　예수님은 수많은 비유를 들려주셨다. 그리고 그분의 많은 비유는 이런 공식으로 시작한다. "천국은 마치 무엇과 같으니…." 어떤 비유는 매우 길고 내용이 자세하지만, 다른 어떤 것은 매우 짧고 핵심적이다. 내가 생각하고 있는 두 가지 비유 역시 짧으면서도 명료한 핵심을 갖고 있다.

> "천국은 마치 밭에 감추인 보화와 같으니 사람이 이를 발견한 후 숨겨두고 기뻐하여 돌아가서 자기의 소유를 다 팔아 그 밭을 샀느니라 또 천국은 마치 좋은 진주를 구하는 장사와 같으니 극히 값진 진주 하나를 만나매 가서 자기의 소유를 다 팔아 그 진주를 샀느니라"(마 13:44-46).

전쟁의 와중에 리처드 3세가 말을 잃고 궁지에 몰렸을 때, 잉글랜드라는 나라는 말 한 마리보다 가치가 없었다. 그러나 예수님 이야기에 나오는 두 사람에게 천국 혹은 하나님 나라는 모든 것을 걸 만한 가치가 있었다.

우리가 어떤 것을 향해 보이는 열정의 강도는 우리가 그것에 대해 매기는 가치에 의해 결정된다. 한정된 가치를 갖고 있는 것들은 얼마든지 타협할 여지가 있고, 그런 상황이 발생하면 적당한 것과 맞바꾸어 쉽게 처분할 수 있는 것으로 변하고 만다. 반면에 무한한 가치를 가진 것들은 우리가 간절히 바라고 흔들림 없이 굳게 붙잡아야 하는 것이 된다.

예수님은 이 두 가지 이야기를 들려주심으로써 우리가 천국을 소유하는 것이 우리에게 엄청난 가치가 있는 일이며 그래서 이것이 가장 중요한 일임을 알게 되기를 기대하셨다. 그리고 비유에 나오는 사람들은 그것을 열정을 가지고 추구했다.

이렇게 되면 한 가지 분명한 질문에 도달하게 되는데, 그것은 그 나라의 어떤 점이 사람들로 하여금 열정을 가지고 추구하게 만드는가 하는 것이다. 이 질문에 대한 여러 가지 답변 가운데 바울이 골로새 교인들에게 보낸 편지를 기록한 내용이 있다. 그는 그곳 사람들에게 "하나님 아버지께 기쁨으로 감사를 드리라"고 명령한다. 왜냐하면 하나님은 "우리로 하여금 빛 가운데서 성도의 기업의 부분을 얻기에 합당하게" 하셨고, "우리를 흑암의 권세에서 건져내사 그의 사랑의 아들의 나라로 옮기셨으니 그 아들 안에서 우리가 구속 곧 죄사함을 얻었도다"라고 말씀하셨기 때문이다 골 1:12-14.

자세한 내용을 일일이 살펴보지 않더라도 하나님이 사람들을 위해 행하신 엄청나게 귀한 수많은 일들을 얼마든지 찾아볼 수 있다.

> 예수님은 천국을 소유하는 것이 무엇보다 중요한 일이라는 것을 사람들이 알게 되기를 기대하신다.

● 그분은 그들이 성도의 기업을 얻기에 합당하다고 여기셨다. 오직 하나님의 은혜에 자신을 맡긴 사람들은 그분의 목적을 위해 따로 구별되었다. 그에 따라 그들은 자신의 삶에 대한 하나님의 소명 의식을 갖고 있으며, 그들이 소유한 유업은 그 부르심을 성취하기 위해 필요한 모든 것을 성도들에게 주셨다는 하나님의 보증이 된다. 그래서 그들은 분명한 목적 의식과 방향, 타당성과 확신으로 넘쳐나고 있는 것이다.

● 그분은 그들을 어둠의 지배로부터 구해주셨다. 당신은 아마 사람들이 무언가를 깨닫지 못한 상태에서 혹은 그것에 대해 무지한 상태에서 "나는 그것에 대해 완전히 어둠 가운데 있어"라고 말하는 소리를 들었을 것이다. 어떤 의미에서 보면, 하나님에 의해 지음을 받은 사람들이 그분으로부터 완전히 소외된 삶을 살아감으로써 완전한 어둠 가운데 놓여있을 수도 있다. 이 어둠은 그들에 대한 '지배' 혹은 지배적인 요소가 된다. 그것은 그들이 자신을 창조하신 하나님에 대해 알지 못하고, 왜 자신들이 창조되었는지 모르고 있기 때문에 그들의 삶에서

일관성과 의미, 목적이 결여된다는 점에서 그렇다. 그렇지만 구속 받아 '빛의 나라'로 들어간다는 것은 사람들에게 하나님에 대한 지식을 제공하는 것일 뿐 아니라 그들로 하여금 내가 누구이며, 왜 지금과 같은 상황에 있는지를 깨닫도록 안내하는 것을 의미한다. 그러면 당신은 이렇게 말할 수 있다. "그들은 빛을 보았소!"

● 하나님은 사랑하는 아들의 나라로 그들을 인도하신다. 하나님의 사랑으로 말미암아 만들어진 환경에 들어간다고 상상해보라. 그것이 바로 그 나라의 모습이다. 그리고 그 나라에 들어가게 된 사람에게 하나님의 사랑을 어떻게 보여줄 수 있을까? 바로 구속과 죄사함을 통해서다. 세계적인 운동 선수라도 경기 중 심각한 실수를 하면 '바보'가 된다. 그러나 곧바로 멋진 플레이를 펼치면 바로 '영웅'으로 급반전되며, 우리는 그가 스스로 구원했다고 말한다. 하지만 우리는 하나님의 관점에서 우리 자신을 스스로 구원할 수 없다. 왜냐하면 우리의 죄는 오직 하나님에 의해서만 용서받을 수 있기 때문이다. 그분은 그 나라 백성들을 용서하시고 그들을 기꺼이 구속하시기를 원하신다. 그래서 그들은 더 이상 '바보'가 아니며, 선한 목자가 너

무도 사랑하시는 '그분이 기르시는 양'이 된다.

    이 모든 내용을 종합해보면, 그 나라의 막중한 가치와 그 나라 백성들에게 제공된 최고의 경험에 대해 어렴풋이 감이 잡히기 시작할 것이다. 그것은 바로 우리의 과거가 모두 용서되었고, 우리의 운명이 안전하게 확보되었고, 우리의 현재의 삶이 목적과 방향, 그리고 타당성과 축복으로 가득차게 되고, 따뜻한 아버지 하나님의 사랑 가운데 살게 된다는 것을 의미한다. 그런 가치와 의미는 그런 풍성함에 대한 갈망, 곧 그 나라에 대한 추구 혹은 열정을 이끌어낸다. 그리고 그것은 최고의 우선순위가 된다.
    내가 방금 우선순위라고 말했는가?
    기억하라. 시간 도둑이 틈새를 노리고 슬금슬금 기어드는 곳이 바로 여기다. 그리고 만일 경계 태세를 갖추고 깨어있지 않는다면, 그 비열한 도둑들은 우리에게서 시간을 빼앗아갈 뿐 아니라 우리의 눈을 가려서 그 나라의 축복을 보지 못하게 만들 것이다. 그들은 작은 야망을 미끼로 우리 손을 꽁꽁 묶어놓고, 우리로 하여금 하나님이 우리에게 주시려고 계획하신 풍성한 복을 누리지 못하게 만든다. 그리고 삶의 노예가 되어도 불평하지 않고 알아채지도 못하게 만든다.

그들이 그런 짓을 하게끔 내버려두지 말라!

도둑의 무리가 크리스천의 삶 가운데 드러나는 기쁨과 아름다움, 부유함, 경이로움을 훔쳐가는 동안 멍하니 서 있지 말라. 이 도둑들이 무엇을 하는지, 그리고 우리의 우선순위가 우리를 어디로 인도하는지 확인해야 한다. 또한 반드시 정신을 바짝 차리고 근본적인 대책을 취해야만 한다. 우리에게는 낭비할 시간이 없다.

우리는 우리의 관심, 열정, 여망이 중요한 의미가 담긴 길 그리고 축복의 통로로 들어서도록 발걸음을 내디뎌야 한다. 우리는 열정적으로 그 나라를 구해야 한다.

그렇게 할 때 비로소 우리는 도둑을 몰아내게 된다.

'그 나라'의 가치와 의미는 우리의 과거가 모두 용서되었고, 우리의 미래가 안전하게 확보되었으며, 우리의 현재 삶이 하나님의 사랑과 축복으로 가득차게 되었다는 확고부동한 사실에서 찾을 수 있다.

6장
하나님 나라를 향한 첫 걸음

••• 학생들을 대상으로 한 강연에 초청받은 한 연사가 약간 긴장한 상태에서 사과하는 어투로 운을 떼었다. "오늘 여러분에게 들려드릴 말이 너무나 많아서 어디서부터 시작해야 할지 모르겠군요."

그러자 학생들 가운데 한 명이 유용한 제안을 했다.

"그럼 끝부분에 가까운 곳에서부터 시작하세요."

이와 같이 시간이 가장 중요한 문제일 때는 마지막에 가까운 곳에서부터 시작하는 것이 바람직하다. 그러나 그 내용을 올바르게 전달하는 것이 최고의 관심사일 때에는 처음과 가까운 부분에서 시작하는 것이 더 큰 도움이 된다.

그러면 이제부터 건전한 우선순위에 근거한 균형 잡힌 삶에 대한 관심을 바탕으로, 우리가 원하는 것을 어디에서부터 시작해야 하는지를 알아보자. 그러한 관심은 그 나라를 먼저 구하는 것이 무엇을 의미하는지에 대한 이해를 필요로 한다.

우선 이천년 전의 어두운 밤부터 시작하자. 예수님은 바쁜 하루를 마치고 사람들 사이에서 쉬고 계셨다. 사람들은 그분이 하시는 말씀을 듣는 것 외에도 자신이 갖고 있는 개인적인 문제들의 해결 방법을 찾기를 더욱 갈망했다. 예수님은 물러나 쉴 만한 시간과 장소가 필요했다.

그때 거의 은밀하게, 한 저명한 노신사가 예수님이 계신 조용한 장소를 찾아왔다. 그는 이 나사렛 출신의 목수를 '랍비'라고 부르면서 자신을 소개했다. 이 문제의 노신사는 사람들에게서 좋은 평판을 얻고 있는 이스라엘의 선생, 니고데모였다. 그런 사람에게서 '랍비'라는 칭호를 받는다는 것은 단순히 입에 발린 칭찬이 아니라는 것을 보여준다. 또한 자기보다 훨씬 어린 사람과 이야기를 나누고 싶어하는 이 노인의 열망이 순수

한 호기심에서 나온 것임을 알 수 있게 해준다. 그는 예수님이 행하신 사역을 하나님이 그분과 함께 하시는 증거로 인정하는 찬사로 자신의 말을 이어갔다. 그렇게 함으로써 그는 이 젊은 설교자에게 최대한의 경의를 표했다.

그렇지만 놀랍게도 예수님의 대답은 다소 퉁명스러웠다. "사람이 거듭나지 아니하면 하나님 나라를 볼 수 없느니라"요 3:3. 이 말은 너무 어려운 내용이어서 니고데모는 당황하고 말았다. 그 상황에서 누군들 그렇지 않았겠는가?

우리는 기록을 통해 예수님이 하신 말씀만 알고 있다. 그래서 그분의 어투나 몸짓에 대해서는 전혀 알 수 없기 때문에, 우리는 니고데모가 "사람이 늙으면 어떻게 날 수 있삽나이까 두 번째 모태에 들어갔다가 날 수 있삽나이까?"4절라고 질문했을 때 예수님이 어떤 마음이셨을지 추측만 할 수 있을 뿐이다. 예수님은 당황하셨을까? 빈정거리셨을까? 화를 내셨을까? 기분이 상하셨을까? 그것은 알 수 없지만, 예수님이 전혀 동요하지 않으셨다는 사실은 확실히 알 수 있다. 그분은 계속해서 이렇게 말씀하셨다. "사람이 물과 성령으로 나지 아니하면 하나님 나라에 들어갈 수 없느니라."5절

니고데모는 할 말을 잊었다.

예수님은 '거듭나다'는 바로 우리가 그 나라를 '보고' 또한 '들어갈 수 있는 길'이라고 설명하셨다. 이것이 바로 우리가 시작할 출발점이다. 거듭나는 것은 육체적인 출생과 아무 관련이 없다. 그것은 영적인 체험이다. 예수님의 말씀은 거듭나는 것은 인간의 행위와 아무 관계가 없으며 모든 것은 성령님을 통한 하나님의 행위와 관계가 있다는 의미다. 그러나 육체적인 출생은 좋은 예화가 된다. 육체적인 출생이 한 인간을 세상에 태어나게 하는 것과 마찬가지로, 성령을 주시는 하나님의 행위는 한 사람을 살아계신 하나님의 다스림과 능력 가운데 태어나게 한다. 그것이 바로 하나님의 나라다.

니고데모는 어리둥절했다. 그래서 "어찌 이러한 일이 있을 수 있나이까?"[9절]라고 물었다. 어떻게 성령님이 우리에게 주어지는 것일까?

믿음을 통해서다. 하나님의 약속을 믿고, 그것을 받아들이고, 하나님이 하시겠다고 말씀하신 것을 행하실 것을 기대함으로써 거듭날 수 있다. 마치 모세가 인도하던 이스라엘 백성이 광야에서 뱀에게 물렸을 때처럼 말이다. 뱀의 이빨에는 독이

들어있었고 사막 한 가운데 있던 그들에게는 아무런 의료 장비도 없었기 때문에 상황은 절망적이었다. 그때 하나님은 모세에게 구리로 뱀을 만들어 그것을 사람들 앞에 높이 들라고 명령하시고, 그들에게 하나님을 믿고 하나님이 행하시기를 원한다면 하나님이 그들을 치료해주실 것이라고 말하라고 명했다. 더 나아가 그들은 그 믿음을 증거하기 위해 높이 들린 뱀을 바라보아야 했다 민 21:8-9 참조.

마찬가지로 예수님은 우리가 죄사함 받는 것이 가능해지도록 십자가에 달리셔야 했다. 자신의 범죄함을 인식하고 '치료받기'를 원하는 이들은 하나님이 그 일을 행하실 것을 믿어야 한다. 그러나 그것뿐만이 아니다. 그들의 죄는 그들이 하나님의 명령을 거부한 결과이므로, 즉 그들이 하나님을 의지하지 않은 결과이므로 그들은 용서받을 뿐 아니라 성령님을 통해 다시 사신 주 예수님의 생명을 받게 될 것이다. 그리고 이 일로 인해 그들의 삶 가운데 하나님의 임재와 능력을 확립하게 될 것이다. 바로 거듭남을 통해 그 나라가 임할 것이다.

이것이 우리의 우선순위를 바로잡기 위해 시작해야 할 출발점이다.

물론 나는 어떤 이들에게 '거듭남'은 논쟁거리가 된다는 것을 잘 알고 있다. 종교적인 관점에서 볼 때, 어떤 사람들은 교회 계율을 준수했음에도 불구하고 자신에게 영원한 구원이 보장되지 않을 때 실족한다. 그들은 하나님에게 확실한 인정을 받고 천국에 들어가기 위해 최선을 다하는 것 외에 아무것도, 심지어는 최선이란 말도, 필요하지 않다고 본다. 그들이 보기에 거듭난다는 것은 불필요한 것일 뿐 아니라, 받아들일 수 없는 것이다. 이 개념으로 갈등하고 있는 교인들에게 있어서 이 문제를 바라보는 가장 좋은 방법은 니고데모가 명망있고 매우 헌신적인 종교인이라는 것을 인정하는 것이다. 하지만 예수님에 의하면 그에게는 거듭남이 필요했다.

물론 종교인들의 일부 반대 의견은 몇몇 '거듭남' 옹호자들의 지나친 주장에 대한 거부감에서 기인한 것이다. 그들은 거듭남은 극적으로 삶을 변화시키고, 감정을 한껏 고조시키는 사건이라고 인식해왔고 최소한 그런 인상을 받아왔다. 엄밀하게 말해서 어떤 사람에게는 그것이 사실이다. 그리고 그렇게 되어야 할 필요가 있다. 그러나 대다수 사람들에게 거듭남이란 영혼이 영적인 필요를 인식해나가는 일정 기간 동안의 조용한 과정이다. 그 기간에 우리의 지성은 영적인 진리에 눈을 뜨게 되고 우리의 감정은 깊이 뿌리내린 욕정에 진저리치게 되며 우리의 의지는 자신의 나라를 세워가시는 왕께 기쁜 마음으로 복종하게 된다.

그리고 또한 부활이라는 놀라운 진리를 축소하고 소홀히 여기는 사람들도 존재한다. 그것도 상당수가 그렇다. 그런 일은 지미 카터 Jimmy Carter가 대통령에 입후보할 때도 발생했다. 그는 자신이 '거듭났다'는 사실을 매우 솔직하게 밝혔다. 많은 사람들은 그가 무슨 말을 하고 있는지 이해하지 못했고, 그래서 우스개 소리로 받아들였다. 이것은 무지한 이들의 첫 번째 방어였다. 그러나 백악관을 향한 카터의 출발을 취재한 거듭난 기자는 지금 어떤 일이 일어나고 있는지를 잘 알았고, 그래서 카터가 사용하는 용어들을 글로 정리하여 사람들이 쉽게 이해할 수 있도록 했다. 그러나 오래지 않아 모든 사람들이 이 주제에 관해 저마다 권위 있는 말들을 내놓기 시작했다. 혹은 그렇게 했다고 생각했다. 그리고 곧이어 '거듭난다'는 말은 새로운 출발을 한다는 의미로만 쓰이게 되었다. 그래서 다리가 부러졌다가 다시 팀에 복귀한 운동 선수는 '거듭난' 와이드 리시버^{미식축구에서 쿼터백으로부터 공을 받아 터치 다운을 시도하는 공격수를 말함-역주}로, 알콜 중독자 치료 시설인 베티 포드 센터^{Betty Ford Center}를 나서는 알콜 중독자는 '거듭난' 알콜 중독자로, 파산법 11장에 명기한 파산에서 벗어난 기업가는 '거듭난' 기업인이 되고 말았다. 그러나 '거듭난다'는 것은 단지 새롭게 시작하거나 새로운 다짐을 하는 것 이상의 큰 의미를 갖고 있다. 그것은 하나님의 은혜에 굴복하고, 그분의 용서를 받아들이고, 성령님이 자신의 삶 깊숙한 곳에 들어오시는 것을 환영하고, 그곳에서 자신을 다스리시고 통치하셔서 온전히 하나님을 의지하며 사는 삶으로 만들어가시게 하는 것이다.

만일 그 나라가 가장 먼저고 시간 도둑을 잡아야 한다면, 그 나라에서 가장 먼저 이루어져야 할 일은 우리가 거듭났다는 것을 확인하는 일이다.

Key Point

'그 나라'를 향한 추구는 '거듭남'을 통해서만 가능하다. 즉, 하나님의 약속을 믿고, 그것을 받아들이고, 하나님이 온전히 자신을 다스리고 통치하시도록 삶을 내어드릴 때 가능해진다.

7장
하나님 나라를 드러내라

••• 나는 주후 1930년 9월 9일 밀럼^{Millom}이라 불리는 작은 마을에서 태어났는데, 그곳은 영국에서 가장 북쪽 지역인 컴버랜드^{Cumberland, 오늘날의 Cumbria주의 일부}의 남쪽 끝 지방에서 아이리시해^{Irish Sea}와 산맥 사이에 어정쩡하게 자리잡은 마을이다. 그 시대의 다른 여성들과 마찬가지로 어머니는 아버지와 함께 운영하던 식료품점 이 층에 자리한 집 거실에서 산파의 도움으로 첫째인 나를 출산하셨다. 그 방은, 내 기억에 의하면, 그런 상서로운 사건을 위해서 특별히 따로

마련된 곳처럼 보였다. 그리고 내가 첫 아기였던 것처럼 가구들도 모두 새 것이었다.

1930년 9월 9일은 또한 일 차 세계 대전 휴전 기념일이어서 전쟁 중 목숨을 잃은 장병들을 기리기 위한 퍼레이드와 강연, 헌화식이 있는 날이었다. 내가 듣기로는, 그 때 일에 대해서는 전혀 기억할 수 없지만, 내가 세상에 나오는 순간에 딱 맞춰 온 동네 음악대가 모두 우리 집을 지나면서 찌그러진 악기를 신나게 불어댔다고 한다. 물론 내가 태어난 것을 축하한 것은 아니었지만, 표면상으로 나는 분에 넘치는 환영을 받은 셈이 되었다.

내가 이 이야기를 굳이 꺼내는 이유는 한 가지 사실을 지적하기 위해서다. 나의 출생에 관한 기억들은 전적으로 남들에게서 들은 것을 기초로 하고 있다. 그렇지만 나는 내가 태어났다는 사실을 추호도 의심하지 않는다. 그것은 그때 일을 들려준 사람들이 매우 믿을 만한 사람들이었기 때문만은 아니다. 내가 태어났다는 것을 확신하는 가장 큰 이유는 내가 지금도 살아있기 때문이다. 다시 말해 나의 삶 자체가 출생에 대한 부인할 수 없는 증거다.

그리고 내가 말하고자 하는 핵심은 이것이다. 만일 태어나는 것과 거듭나는 것 사이에 유사점을 이끌어낼 수 있다면, 다른 추론 또한 가능해진다. 두 번째 추론은 만일 출생의 증거가 삶이라면, 거듭남의 증거는 새로운 삶이라는 것이다.

'거듭남'에 관한 가르침에 반대하는 어떤 사람들은 이른바 삶의 변화를 옹호하는 사람들에게 그들의 삶이 변화되었다는 증거를 거의 혹은 전혀 찾아볼 수 없다고 불평한다. 악명 높은 두 명의 짐Jim, 즉 지미 스와가트Jimmy Swaggart와 짐 베이커Jim Bakker – 섹스 스캔들과 횡령 혐의로 무너진 사역자들 – 는 모두 그 유력한 증거로 자주 거론되고 있으며, 이런 비난에는 일리가 있다. 그리고 이 점이 항상 제대로 강조되지 않은 것이 사실이다. '거듭난다'는 것은 다양한 강도를 갖고 있는 하나의 경험이 아니다. 그것은 점진적이기는 하지만 분명히 인식할 수 있을 정도로 삶을 변화시키는 방향과 진로의 변화성에 관한 것이다. 이제 만일 그 나라가 최고의 우선순위라면, 그 출발점은 새로운 출생을 경험하는 일이며 새로운 생명을 증거하는 것은 그 지속점이라는 사실이 따라온다. 그리고 이것은 계속해서 최고의 우선순위가 된다.

그러나 그들이 현재 보여주는 모습, 그 이상의 것을 보기 원하는 반대론자들은 갓 태어난 아기들은 제자리에 앉아있을 수 있기까지 일정 기간 누워 있어야 하고 일어서기까지 더 많은 시간 동안 주위를 탐색해야 하며 마라톤을 완주하기 위해서는 그보다 훨씬 더 많은 시간이 필요하다는 사실을 기억해야 한다. 거듭난 사람들은 성장할 시간을 반드시 가져야 한다. 그리고 이것은 결코 실패에 대해 변명하려는 것이 아니라 현실적으로 성장과 성숙을 이루기 위함이다.

예수님은 이 점에 관해 무엇이라고 말씀하셨을까? 다시 핵심 구절로 돌아가보자.

"너희는 먼저 그의 나라와 그의 의를 구하라 그리하면 이 모든 것을 너희에게 더하시리라"(마 6:33).

> 우리의 최고 우선순위에는 하나님 나라뿐만이 아니라 '하나님의 의'도 포함된다.

이 구절을 보면 우리의 최고 우선순위는 하나님 나라뿐만이 아니라 '하나님의 의'도 포함된다는 것을 즉시 알 수 있다. 그것은 어떤 의미인가? '하나님의 의'라는 표현은 하나님의 존재와 성품에서 나오는 '의'를 의미할 수 있으며 그것은 곧 그분의 행동을 의미할 수 있다. 그러나 그것은 또한 그리스도가 허락한 구원을 신뢰하며 회개하는 죄 많은 자들에게 하나님이 주시는 선물을 의미할 수 있다. 그 사람은 "하나님과 올바른 관계를 맺고 있다"고 선언한다. 그러나 세 번째 의미의 '하나님의 의'는 의를 선물로 받고 그 결과 하나님 앞에서 올바르게 행하는 사람들의 행위 기준이다. 유대인들에게 하나님 앞에서 산다는 것은 하나님의 백성들이라는 공동체 안에서 산다는 것을 의미했다. 그래서 우리는 '하나님 앞에서 올바른 삶'을 살기 위해서는 '사람들을 올바로 대하라'고 말할 수 있는 것이다. 따라서 이를 요약하면, 하나님의 의는 하나님의 속성, 하나님의 선물 혹은 사람들 가운데 하나님 앞에서 바르게 살아가는 것이 된다.

여기서 혹시 왜 우리가 예수님이 말씀하신 것을 세 번째 방식으로 이해해야 하는지 의문이 들 수 있다. 그 대답은 예수님이 사용하신 용어의 문맥 상 의미에서 찾을 수 있다.

- "의에 주리고 목마른 자는 복이 있나니 저희가 배부를 것임이요"(마 5:6).
- "의를 위하여 핍박을 받은 자는 복이 있나니 천국이 저희 것임이라"(마 5:10).
- "내가 너희에게 이르노니 너희 의가 서기관과 바리새인보다 더 낫지 못하면 결단코 천국에 들어가지 못하리라"(마 5:20).
- "사람에게 보이려고 그들 앞에서 너희 의를 행치 않도록 주의하라"(마 6:1).

예수님은 이 말씀 모두에서 행동, 곧 삶의 방식에 관해 말씀하고 계신다. 따라서 우리는 '거듭남' 이후의 첫 번째 우선순위인 그 나라를 경험하는 일에 뒤이어 우리의 일상 가운데서 그 나라를 드러내는 일을 우선순위로 삼아야 한다.

내가 18세 때 한국 전쟁이 발발했고 영국 정부는 징집 명령을 내렸다. 그래서 나는 신체 검사를 받아야 했는데, 그곳에서 이것저것 질문을 받고, 몸을 이리저리 움직여가며 검사를 받은 뒤 최종적으로 A1 판정을 받았다. 그리고 지원하고 싶은 병과가 따로 있느냐는 질문을 받았다. 나는 한 번도 생각해본 적이 없었기 때문에 "없습니다"라고 대답했고 "그럼 하나를 선택하시오"라는 지시를 받았다.

마침 그곳에는 영국 해병대의 제복을 입은 잘생긴 사람이 서 있었는데, 부끄럽지만 오랜 세월이 흐른 지금에서야 고백하건대, 나도 저런 제복을 입으면 멋있게 보이겠다라는 생각을 했었다. 그래서 나는 영국군 해병대가 되었다.

그러나 그것은 생각만큼 좋은 일이 아니었다. 왜냐하면 채텀 훈련소Chatham Barracks에 배치된 후에 다음과 같은 사실을 알게 되었기 때문이다. 첫째, 그들은 나에게 멋진 해병대 제복을 주지 않았고 둘째, 그곳 사람들은 내가 상상하던 영국 해병대처럼 멋있어 보이지 않았다는 것이다. 나는 손에 물집이 잔뜩 잡히고, 요통과 두통 그리고 마음의 상처로 고통을 당한 뒤에야 비로소 제복을 입고 훈련소를 나갈 수 있는 자격을 얻었다. 나는 그 경험을 통해 최고의 군인인 해병이라고 불리워지고 그 제복을 입기 위해서는 해병처럼 행동해야 한다는 사실을 머릿속에 깊이 새길 수 있었다. 그리고 만일 그렇게 하지 않는다면, 그 제복을 더럽히고 부대의 명예를 실추시키며 나 자신도 고통을 겪을 것이다. 그것은 18세 소년에게는 힘든 일이었다. 그렇지만 나는 그 오래전에 있었던 일을 통해 한 가지 강력한 교훈을 얻었다.

만일 무언가를 공언하려 한다면 거기에 맞게 행동하라.

그럴 때 그것은 그 나라 백성에게 하나의 우선순위가 될 것이다.

Key Point

하나님 나라의 백성이라면 '하나님의 의'를 드러내는 일에 힘써야 한다. '하나님의 의'는 하나님이 우리에게 주신 선물로써, 하나님 앞에서 올바르게 살아가는 행위를 말한다.

8장 하나님 나라의 백성다운 품격 갖추기

••• 내가 가장 좋아하는 이야기 가운데 하나를 들려주고 싶다. 내 생각에는 지어낸 이야기가 분명하지만 그것이 남기는 여운은 여느 실화 못지않게 생생하다.

어느 날 왕의 두 아들이 런던에 있는 하이드 파크^{Hyde Park}에서 놀고 있었다. 그때 형이 동생에게 이렇게 말했다. "뚱뚱한 경찰관은 모두 대머리라는데 1실링을 걸겠어."

"좋았어." 동생 왕자가 대답했다.

때마침 뚱뚱한 경찰이 그 곁을 지나갔다. 하지만 왕자들은 그 경관의 머리를 살펴보려면, 먼저 그가 쓴 헬멧을 벗겨야 한다는 것을 깨닫고 고민에 빠졌다. 그들은 머리를 맞대고 어떻게 하면 자신들의 목적을 달성할 수 있을지 생각을 짜냈다. 그러나 한 번도 그런 일을 해본 적이 없었던 두 왕자는 도무지 좋은 아이디어가 떠오르지 않았다.

그런데 너무도 운 좋게도 그들은 그 근처에서 작은 돌멩이 하나로 한치의 오차도 없이 경찰관의 헬멧을 벗길 수 있는 재주를 가진 런던 토박이 소년을 만날 수 있었다. 왕자들은 그 소년에게 자신들을 위해 그 귀찮은 일을 해주면 보답으로 1실링을 주겠다고 제안했다. 그 소년은 흔쾌히 승낙했고, 경찰을 향해 솜씨 좋게 손목을 튕겼다. 돌멩이는 목표물을 향해 날아가 정확하게 헬멧을 땅에 떨어뜨렸다. 그 순간 경관의 대머리가 그 빛을 드러냈다.

기분이 좋아진 승자는, 단 한 명만으로 모든 뚱뚱한 경관이 대머리라는 것을 입증하기라도 한 듯이 동생에게 "너 내게 1실링 빚졌어"라고 말했다. 그러나 두 왕자 모두 통계 분석에 대해서는 전혀 몰랐기 때문에 그의 주장은 아무 이의 없이 받아들여졌다. 그들은 사례금과 내기에 대한 돈 계산에 들어갔다.

그때 경관이 그들 앞에 나타나 임무 수행 도중에 자신에게 가해진 공격에 대해 큰 소리로 항의했다.

"넌 이름이 뭐냐?" 그는 키 큰 소년에게 물었다.

"난 웨일즈의 왕자요." 그 소년이 대답했다.

"뭐라고? 그런 건방진 수작은 마라. 네 이름이 뭔지 말해."

"난 웨일즈의 왕자요." 소년은 계속 주장했다.

"널 믿을 수 없지만 일단 적어놓도록 하지." 경관이 투덜거렸다.

"그리고 넌 이름이 뭐냐?" 경관은 동생을 바라보면서 물었다.

"난 켄트의 대공이오." 그가 대답했다. "그리고 이 사람은 내 형인 웨일즈의 왕자요."

"너희 둘 다 믿을 수 없어." 경관은 빈정거리듯 코웃음을 치고는 런던의 동쪽 끝에서 온 초라한 소년에게 물었다. "그럼 넌 누구냐?"

그 소년은 새로운 두 친구이자 공범자들인 왕자들을 팔꿈치로 툭 치면서 말했다. "걱정마. 애들아, 너희를 실망시키지 않을 거야." 그리고는 어깨에 한껏 힘을 주고 이렇게 선언했다.

"경관, 난 캔터베리의 대주교요!"

역사는 이 흥미 있는 이야기의 결말이 어떻게 났는지 기록하고 있지 않지만, 호기심이 많은 사람이라면 왜 아무도 왕자의 말을 믿지 않았는지 궁금해 할 것이다. 그 대답과 이야기에 담긴 교훈은 쉽게 발견할 수 있다. 누구든 어린 불량배처럼 행동하는 소년을 보고 왕의 아들이라 믿지 않는다. 모든 사람과 마찬가지로 어린 왕자들 역시 자신의 신분에 맞는 대접을 받으려면 왕자답게 말하고 행동했어야 했다.

이 사실을 염두에 둘 때, 그 나라를 경험한 사람, 즉 거듭난 사람은 그 나라를 드러내기를 간절히 소원해야 한다. 다시 말해서 그 나라의 의를 좇아 살아야 한다. 그래서 이것이 그들의 최우선순위가 되도록 해야 한다.

그 다음 질문은 바로 이것이다. 어떻게 하면 그렇게 할 수 있는가?

바울 사도는 고린도 교인들에게 보내는 편지에서 우리에게 확실한 출발점을 제공해주고 있다.

"하나님의 나라는 말에 있지 아니하고 오직 능력에 있음이라" 고전 4:20

그가 이렇게 말한 것은 너무나 많은 사람들로부터 듣는 비난들로 인해 짜증이 났기 때문이다. 그는 한마디로 그들에게 말을 멈추고 그 말을 실천하라고 도전을 주고 있다. 그가 생각하고 있는 것은 강력한 확신을 주는 실천이었다. 그것은 말과 관련된 문제가 아니라 능력에 관한 문제였다. 그러나 어떤 종류의 능력이 그 나라를 드러내는가? 그것은 변화된 삶 가운데 나타난 성령님이 인도하시는 능력이다. 그것이 바로 바울이 보기 원했던 것이며, 그것이 바로 예수님이 우리의 최고 우선순위가 되어야 한다고 말씀하신 그것이다. 먼저 그의 나라와 그의 의를 구하라는 말씀을 기억하라.

나는 영국에서 컵 스카우트(Cub Scout, 보이스카우트 유년단)였을 때 매일 모자에 손가락을 대고 누군가에게 '친절한 행동'을 베풀겠다고 갈라지는 목소리로 선서하곤 했다. 그리고 내 기억이 맞다면 그 약속은 일주일간 내 우선순위가 되었다. 그때의 일은 나중에 한 설교자가 "매일 누군가에게 최대한 친절을 베풀라"고 회중들에게 권면하는 말을 듣는 순간 내 머릿속에 떠올랐다. 그런 일들은 성령님이 변화시키는 삶의 능력을 드러내는 일, 즉 '그 나라의 의'에 초점을 맞춘 삶과 관련해서 생각할 때 예수님이 가르치신 것과 유사하다.

바울은 로마 교회 성도들에게 또 다른 편지를 보냈다. 그들은 신자들이 어떤 종류의 음식과 음료를 먹을 수 있는지를 놓고 거센 논쟁에 휩싸인 끝에 의견의 불일치에 이른 것이 분명했다. 이런 문제가 격한 감정을 불러일으키는 것은 불 보듯 뻔한 일이었다. 바울은 그들의 관심사를 그 자리에서 배격하지 않고 그것들을 하나씩 훑어나갔다.

"하나님의 나라는 먹는 것과 마시는 것이 아니요 오직 성령 안에서 의와 평강과 희락이라 이로써 그리스도를 섬기는 자는 하나님께 기뻐하심을 받으며 사람에게도 칭찬을 받느니라" 롬 14:17-18

> 성경이 말하는 평화는 전적으로 질서와 관련되어 있다.

여기서도 평강과 희락과 함께 '의'가 등장한다는 사실에 주목하라. 중요한 것은 삶의 질이다. 그리고 관건은 그 나라에 맞는 행동이다. 왜냐하면 이런 종류의 삶은 하나님을 기쁘시게 하며 사람들에게서도 인정을 받기 때문이다. 그것은 모든 것과 관련이 된다. 그러나 우리는 여기서 한 걸음 더 나아갈 수 있다. 바울은 이 의로운 삶에 관한 사상을 발전시켜 에베소 교회 교인들에게 이렇게 말씀하고 있다. "빛의 자녀들처럼 행하라 빛의 열매는 모든 착함과 의로움과 진실함에 있느니라 주께 기쁘시게 할 것이 무엇인가 시험하여 보라" 엡 5:8-10.

여기서 의를 중심으로 한 자리에 모인 열매들이 무엇인지 자세히 살펴보자. 그것은 희락, 평강, 선함, 그리고 진실함이다.

희락은 단순히 행복해지는 것 이상을 말한다. 많은 사람들이 행복해지는 것을 자신의 목표로 삼지만, 그들의 행복은 대부분 그들에게 우연히 일어나기 때문에 그들은 어찌할 수 없는 일들과 연관이 되어 있다. 그래서 그들은 원치 않는 우연한 일로 인해 오랫동안 불행한 시간을 보내고 있다. 희락은 어떤 일들이 불시에 우리가 원하지 않는 방식으로 일어나는 순간에도 우리가 행복하다는 확고부동한 생각이다.

그리고 '평강'이 있다. 대부분의 사람들은 평화로운 삶을 누리는 것을 좋아한다. 어떤 이는 어떤 대가를 치르더라도 '평화'를 받아들이려고 한다. 그들의 생각에 평화는 스트레스가 사라질 때 혹은 대립이 멈출 때 오는 것이다. 그러나 현실에서 스트레스가 사라지거나 대립이 멈출 리는 없다. 성경이 말하는 평화는 스트레스나 대립과 거의 상관이 없으며, 다만 질서와 전적으로 관련되어 있다. 그것은 우리의 외적인 환경과 상관없이 하나님과 나 사이의 모든 것이 올바른 질서를 맺고 있다는 것을 마음 깊이 인식하고 있다는 확고부동한 생각이다.

나는 의의 열매를 설명하면서 '확고부동한 생각'이란 용어를 두 차례 사용했다. 그것은 그만한 이유가 있다. 왜냐하면 성령의 행위를 통해 거듭난 사람들의 삶 가운데 잘 나타나는 희락과 평강은 이제 성령의 능력 안에서 하나님 앞에 올바른 것을 행하라고 명령하기 때문이다.

그리고 이것은 먼저 할 것을 먼저하고, 먹이를 찾아 돌아다니는 시간 도둑을 막는 것과 어떤 상관이 있는가? 모든 점에서 그렇다. 왜냐하면 이제 내 삶의 최우선 목표는 하나님이 보시기에 올바른 것을 행하는 것이기 때문이다. 나는 그것이 그분을 기쁘시게 한다는 것을 알고, 폭넓은 인정을 받게 한다는 것을 알고, 그 결과로 나에게 내적인 평강과 희락이 주어진다는 것을 안다. 누구도 이런 확신을 물리칠 수는 없다.

그리고 시간 도둑 역시 마찬가지다.

> **Key Point**
>
> 그 나라에 걸맞는 말과 행동을 함으로써 우리는 하나님을 기쁘시게 하고 사람들에게도 인정받을 수 있다. 그리고 이러한 의의 열매는 어떠한 현실 상황에서도 흔들리지 않는 희락, 평강, 선함 그리고 진실함이다.

9장
하나님 나라를 향한 추구

••• 이 순간 나는 한두 가지 개인적인 비밀을 고백하지 않을 수 없다. 나는 편안하고 싶다. 나는 인기를 얻고 싶고 나에게 많은 이익을 가져다주는 활동들을 좋아한다. 나는 당신이 이러한 나의 마음을 이해해줄 것이라 생각한다. 왜냐하면 편안함, 인기, 유익함 등은 누구나 좋아하는 것들이기 때문이다.

예를 들어 나는 내 삶 가운데 너무나 많은 시간을 비행기에서 보냈다. 그 중에 덩치 큰 두 사람 사이에 껴서 간 적이 너무나 많았다. 그들의 거대한 몸은 좌우에서 나의 자리를 마구 침범해왔다. 이 상황에서 나의 양 무릎은 앞좌석 사이에 구겨지듯 접혀있고 접이식 탁자가 내 복부를 무자비하게 짓누른다. 이 가운데 앞 좌석의 승객마저 의자를 뒤로 확 젖혀 그의 머리받침이 내 코에 닿을락말락하게 될 때 나의 불편함은 최고조에 달했다.

그러나 좋은 소식도 있다. 항공 마일리지를 차곡차곡 적립한 결과 나는 비지니스석에 앉아서 갈 수 있게 되었다. 그곳은 승객들이 다리를 쪼그리고 앉은 채로 여덟 시간 동안 비행한다는 것이 얼마나 불편한 일인가를 항공사가 분명하게 인식하고 있음을 확인시켜준다. 그곳에서는 승객들이 제대로 된 대우를 받을 수 있다. 이 모든 것을 한 마디로 요약하자면, 나는 편안함을 좋아한다는 것이다.

나는 또한 경멸과 증오의 대상이 아닌 인기 있는 사람이 되기를 간절히 바란다. 몇 년 전에 로얄 마린 코만도 Royal Marine commnados 대 데본 카운티 폴리 Devon County Police 사이의 럭비 시합에 참석한 적이 있다. 시합 전에 가진 대화에 따르면 우리 팀 해군의 다수는 한 번 이상씩은 상대 팀 경찰으로부터 부당한 직업적인 대우를 받은 것으로 드러났다. 빚은 경기장에서 갚아야 하는 법이다. 그래서 그곳을 승부를 가리는 곳field of play 이라고 부르지 않는가.

불행하게도 나는 게임 도중에 경찰팀 선수들 가운데 한 명과 심하게 충돌을 했고, 그 사람은 갈비뼈가 부러져 후보 선수와 교체되었다. 그의 동료들은 내가 그를 고의적으로 다치게 했다고 굳게 믿고서는 나를 둘러싼 채 위협적인 표정과 몸짓으로 복수하겠다며 으름장을 놓았다. 그러나 나는 나를 둘러싸고 지켜주었던 코만도 동료 덕분에 그 경기에서 무사히 살아남을 수 있었고, 지금까지 행복하게 살고 있다. 이처럼 나는 동료들에게 욕을 먹는 것보다는 인기를 얻는 것을 좋아한다.

그리고 유익함이라는 문제가 남아 있다. 전에 내가 은행원으로 재직했을 당시, 우리 고객 가운데 한 명이 주식 시장에 대해 놀랄만한 감각을 갖고 있는 것을 눈치 챘다. 그는 언제 주식을 사야 최저가에 사고, 언제 팔아야 최고가에 팔 수 있는지를 잘 알았다. 그리고 한 번도 놓친 적이 없었다. 그래서 하루는 생전 처음 그가 사는 주식을 따라서 매수했다. 예상했던 대로 그 주식은 즉시 가격이 치솟았고, 그와 함께 내 기분도 한껏 고

조되었다. 잠시 후 그는 자기 주식을 팔았는데, 나는 몇 가지 이유에서 내 것을 그대로 보유했다. 그리고 나는 매일 주식 시황이 게재된 신문을 보면서 내가 투자한 돈이 잘 굴러가고 있는지 확인했다. 주식이 오르면 내 기분도 고조되었고, 내리면 덩달아 우울해졌다. 그것을 통해 나는 나 자신에 관해 무언가를 배울 수 있었다. 그것은 나는 이익을 얻는 일에 본능적인 관심을 갖고 있고, 잃는 것을 극도로 싫어한다는 것이다.

이제 여러분은 스튜어트 브리스코란 사람에 대해 샅샅이 알게 되었다. 나는 편안함과 인기와 이익 얻는 것을 좋아하는 평범한 남자다. 거기에 무슨 특이한 점이 있겠는가?

전혀 없다.

그러나 하나님의 관점에서 볼 때 여기에는 문제점이 있다. 그 나라를 우선순위로 삼는다는 의미는 '선함, 의로움, 진실함'에 헌신한다는 것이다.

> 매일매일의 삶은 나로 하여금 나의 우선순위를 재평가할 수 있도록 계속적인 기회를 제공한다.

그러면 당신은 이렇게 말할 것이다. "아! 그렇군요. 내 목표는 선함과 의로움과 진실함이라는 맥락 안에서 편안함을 추구하고, 인기를 얻고, 이익을 내는 것입니다."

그렇지만 여기에는 몇 가지 문제점이 있다.

- 만일 '선한 것'이 '편안한 것'이 아니라면 어떻게 될까?
- 만일 '옳은 것'이 '이익'을 내지 못하면 무엇을 해야 하는가?
- 만일 '진실됨'이 '인기'를 보장해주지 못한다면 그 상황을 어떻게 해결해야 할까?

나는 지금 가상의 문제를 제기하고 있는 것이 아니다. 이것은 내가 자주 부딪히는 일상적인 일들로써 편안함과 인기, 이익에 대한 나의 자연스러운 성향을 고려할 때 내게 정기적인 도전을 주는 것들이다. 이건 분명 안 좋은 소식이다. 하지만 좋은 소식도 있다. 그것은 매일매일의 삶이 나로 하여금 나의 우선순위를 재평가할 수 있도록 계속해서 기회를 제공하고 있다는 것이다.

예를 들어 내가 은행에서 일했던 그 무렵에 내 직속 상관인 과장으로부터 이런 말을 들었다. "만일

> 그 나라를 최우선순위로 삼는 것은 인기보다는 진실을 선택하는 일이 포함된다.

존스 여사에게서 전화가 오면 내가 사무실에 없다고 전해줘."

우리 부서는 과장과 내가 구성원의 전부였기 때문에 나는 과장이 나를 혼자 두고 나간다는 말에 깜짝 놀랐다. "아, 과장님 외출하시게요?"

과장은 인내심이란 건 모르는 사람으로 곧바로 날카롭게 대꾸하였다. "진짜로 나가는 게 아니라 그냥 내가 자리에 없다고 말해달라는 거지."

"하지만…" 내가 허둥지둥 대답했다. "과장님이 계시는데 안 계시다고 거짓말할 수는 없어요."

과장이 대답했다. "자네에게 유익이 되는 것이 어떤 것인지 알게 된다면 내 요청대로 할 수 있을 걸세."

나는 그때 너무 어린 데다 잔뜩 겁을 먹고 있었고 매우 혼란스러웠다. 그런 일은 처음이었고, 나는 그 상황이 싫었다. 나의 비교적 짧은 직장 경력 가운데 내게 잘해주고, 용기를 북돋아주고, 나의 승진을 밀어주던 그분이 삽시간에 딴사람으로 변한 것이다.

나는 몹시 떨리는 목소리로 말했다. "죄송합니다. 그렇게 할 수 없습니다."

과장은 화가 머리끝까지 나서 서류를 공중에 집어던지며 소리를 질렀다. "내가 시킨 대로 하게!"

"죄송합니다만 솔직히 왜 과장님이 제게 화를 내시는지 모르겠습니다. 내가 한 일이라곤 과장님을 위해 거짓말을 하지 않겠다고 말씀드린 것뿐입니다. 그런데 왜 화를 내시는 겁니까? 제가 과장님을 위해 거짓말을 하지 않는다는 것은 바꾸어 말하면 과장님에게도 거짓말을 하지 않을 것이라는 이야기가 됩니다. 그러면 과장님은 기뻐해야 하는 것 아닌가요? 과장님은 저를 믿으셔도 되니까 말입니다."

과장은 나를 방 밖으로 쫓아냈다. 그렇지만 과장은 나의 기대를 저버리지 않고 한 시간 정도 뒤에 돌아와서 이렇게 말했다. "미안하네. 그리고 자네가 꼭 알아야 할 한 가지가 있네. 나는 자네가 이 은행에서 가장 높은 자리에 올라가는 것을 꼭 보고 싶네. 우리에겐 진실된 사람이 필요하다네."

이것은 그 나라를 최고의 우선순위로 삼는 것의 좋은 예가 된다. 그 안에는 두 사람이 서로 갈등을 빚을 때도 인기보다는 진실을 선택하는 일이 포함된다. 이러한 일은 때로 당신을 희생시킬 수도 있다.

내 친구 레이Ray는 다음과 같은 일을 겪었다. 그는 새신자였다. 신앙을 가진 지 얼마 되지 않아서 그는 내게 "나와 일주일에 한 번씩 만날 수 있을까?"라고 물어왔다. 나는 기꺼이 승낙했고, 때마침 기독교 신학 서적을 새로 한 권 구입했던 터라 매주 100페이지씩 읽고 읽은 것을 서로 토론하자고 제안했다. 그도 기쁘게 동의했다. 그러나 나는 곧 새신자에게 그런 무거운 짐을 지운 것에 대해 후회했다. 그렇지만 그러한 나의 염려는 기우에 불과했다. 오히려 나는 그를 따라갈 수가 없었다. 그는 헌신하는 만큼 많은 지식을 신속하게 습득해갔다. 그리고 어느 날 그는 나에게 직장을 그만두었다고 통보했다. 나는 그가 자기 일을 즐기고 있었고 그 일과 관련해 매우 유능하고 잘 나가고 있다는 사실을 알고 있었기 때문에 왜 직장을 그만두었는지 의아했다. 그가 말했다. "왜냐하면 우리는 성도의 생활 방식이 얼마나 중요한가에 대해 이야기를 했는데 내 생활 방식은 일관되지 못했기 때문이야."

"어떤 점에서 말인가?" 내가 놀라면서 물었다.

"내 직업과 관련해서 정직함을 유지하면서 먹고사는 것은 불가능하다네. 나는 정직해지기로 다짐했고, 그래서 이 직업을 그만두었다네." 다시 말해, 그는 '이익을 내는 것'과 '옳은 것' 사이에서 선택을 내려야 할 때 '옳은 것'을 선택한 것이다. 그는 자신의 우선순위의 초점을 그 나라에 맞추었다. 덧붙여 말하자면, 나는 그가 일하는 분야에서 정직하면서도 성공을 거둔 사람들을 알고 있었고, 그래서 그는 나의 소개로 그들과 함께 일하게 되었다.

선한 것을 행하는 것과 편안하게 되는 것 사이에서 일어날 수 있는 갈등을 고려하는 게 쉬운 일은 아니다. 나는 아주 오래 전에 자유로운 낙태에 반대하는 내용의 설교를 한 적이 있다. 그리고 내가 말한 것에 대해 많은 긍정적인 피드백을 받았고 교회 전체가 내 입장에 강력하게 동의하는 것처럼 보였다. 그렇지만 한 동료 목회자가 모임 뒤에 내게 이런 말을 해주었다. "스튜어트, 자네도 알겠지만 자네는 자네가 반대하는 것에 대해서는 많은 말을 했지만, 자네가 지지하는 것에 대해서는 한마디도 하지 않았다네."

"그게 무슨 의미인가?" 내가 물었다.

"그러니까 내 생각에 오늘 회중 가운데는 임신한 미성년자도 있었을 텐데, 그들은 죄책감을 느끼고 잔뜩 겁을 집어먹은 채 누구에게도 호소할 수 없게 되었지. 결국 자네는 그들에게 더 큰 죄책감을 느끼게 만들었어."

"자네는 내가 낙태에 관해 한 말에 동의하지 않는가?" 내가 그에게 물었다.

"물론 나는 동의하지. 하지만 문제는 우리가 아무런 대안이 없었다는 것이네. 우리가 낙태를 고려 중인 사람들을 돕기 위해 하고 있는 것이 무엇인가? 우리 교회는 어떤 대안을 제시하고 있지?"

"자네가 옳아!" 나는 그에게 말했다. "그리고 자네는 해고야!" 물론 그는 농담임을 알고 크게 웃었고 우리 두 사람은 머리를 맞대고 그들을 위해 교회가 무엇을 할 수 있는지 찾아보았다. 그는 여전히 우리 스태프로 일하고 있다.

그 다음 주에 나는 교인들에게 혼외정사로 임신한 젊은 여성들을 집에 데려다가 임신 기간 동안 도와주고 그들이 낳은 아기들을 돌봐줄 수 있는 자원봉사 가족들이 필요하다고 제안했다. 그리고 나는 매우 흥미로운 반응을 목격했다. 전 주에 내가 자유로운 낙태의 죄악성에 대해 말했을 때는 강력하게 찬성했던 교인들이 문제의 젊은 여성들을 자신의 가정에서 돌보는 것이 어떠냐는 제안에는 거의 반응을 보이지 않았다.

그 이유는 무엇일까?

도움이 필요한 소녀에게 짧은 시간이나마 사랑과 애정이 넘치는

> 나는 나의 이기심과 정면으로 맞서서 그 나라의 시각에서 나의 삶을 바라볼 필요를 느낀다.

가정을 제공하는 일의 순기능에 대해서는 누구나 동의할 것이다. 다만, 그 일이 가정 생활을 혼란에 빠뜨릴 수 있고 가족 전체에 불편함을 초래할 수 있다는 점 때문에 선뜻 나서지 못하는 것이다.

나는 편안해지고, 인기를 얻고, 이익을 내고 싶어하는 사람들과 논쟁을 벌이고 싶지 않다. 나도 그런 사람들 가운데 하나니까 말이다. 그러나 나는 나의 이기심과 정면으로 맞서서 그 나라의 시각에서 나의 삶을 바라볼 필요를 느낀다. 그리고 그렇게 할 때 비로소 나의 우선순위는 선함과 의로움과 진실함에 초점이 맞추어지도록 변화될 것이다. 당신도 마찬가지다.

> **Key Point**
>
> 그 나라를 우선순위로 삼는다는 의미는 우리의 자연스러운 성향인 '편안함', '인기', '이익'과 정면으로 맞서서, '선함', '의로움', '진실함'에 헌신하는 삶을 사는 것이다.

10장
하나님 나라를 확장하라

당신이 내 나이 73세가 되면, 몸이 낡은 자동차처럼 삐걱거리며 작동하기 시작할 것이다. 그래서 당신은 수리도 하고 새롭게 정비도 한다. 나도 이번 주에 바로 그런 일을 했다. 우선 안과 의사를 찾아갔다. 그는 40대 초반의 멋진 남자였다. 키도 크고, 잘 생기고, 성공을 거두었고, 사랑스런 아내도 있고, 훌륭한 자녀도 있었다. 그는 일상적인 검사와 약물 투여를 마친 다음에 내게 시각 장애인용 지팡이나 맹도견이 필요 없을 뿐더러 활동하는 데 아무 지장이 없다고 진단했다.

그리고 그는 의자를 뒤로 밀고는 이런 말을 들려주었다. "아시겠지만, 전 필리핀에 두세 번 정도 간 적이 있습니다. 정말 좋았죠. 우리는 여러 마을을 방문했고, 나는 새 렌즈와 안경을 가져가서 필요한 사람들에게 나누어주었죠. 그리고 그들에게 복음을 전했습니다. 그냥 좋아서 하는 일이었습니다. 그렇지만 요즘 그 지역에 테러 경고가 선포되어서 더 이상 방문할 수가 없게 되었습니다. 정말 가고 싶은데 말이죠. 저는 열심히 일한 다음, 조기 은퇴해서 아무것도 가진 것이 없는 사람들이 사는 곳에서 더 많이 일할 시간을 갖고 싶습니다. 아, 그건 그렇구요. 혹시 제가 일 년에 두세 번 정도 찾아가서 봉사할 수 있는 곳을 알고 계신가요?"

나는 아메리칸 드림을 실천하기에 바쁜 이 젊은이를 바라보면서 그의 말 속에 담긴 열의와 열정을 보았고, 그가 자신의 우선순위에 따라 일하고 있음을 알게 되었다. 그리고 때마침, 나는 그를 위한 몇 가지 좋은 아이디어들을 떠올릴 수 있었다. 그리고 그 주간에 나는 치과도 방문했다. 위생사에게서 스케일링을 비롯한 일상적인 치아 손질을 받은 후에 친구인 치과 의사에게 진찰을 받았다. 그는 국내에서 오랫동안 의료 봉사 활동을 해오던 친구로, 요 근래에 개인적인 문제로 인해 봉사 활동을 계속해야 할지 여부를 놓고 고민 중에 있었다. "목사님도 알다시피, 저는 국내에 있는 많은 고아원에서 의료 봉사를 해 왔습니다. 그들에게는 저의 도움이 절실히 필요해서 그들로부터 여러 차례 방문과 도움 요청을 받았습니다. 나도 그런 일을 좋아합니다만, 그런 도움이 필요한 곳은 너무나 많고, 나는 교회에서 가르치고 인도하는 일만으로도 너무 바빠서 의료 봉사를 계속 해야 할지 말아야할지 판단이 서질 않습니다."

나는 그의 목소리에 담긴 진지함과 궁핍한 세상 가운데 살아가면서 자기 삶을 깊이 있게 바라보는 진정성을 느낄 수 있었고, 그가 자신의 우선순위를 점검하고 있다는 것을 알았다. 그 나라가 먼저일 때, 그 나라의 확장은 중대한 흥미의 대상이자 관심사가 된다. 그것은 예수님이 자신의 사역을 시작하실 때 자신은 천국 복음을 선포하기 위해 오셨다고 분명히 말씀하셨고, 지상에서의 사역을 마치실 때 제자들에게 그들의 사명은 그 나라를 열방에 전하는 것임을 상기시켜주셨기 때문이다.

나는 예수님이 부활하신 뒤에 즉시 하늘로 올라가시지 않은 것을 매우 흥미롭게 생각한다. 예수님은 그렇게 하기를 원하셨다고 확신한다. 그렇지만 그분은 40일 동안 지상에 머무르시면서 정기적으로 제자들을 찾아보시고 그들에게 천국에 관하여 말씀하셨다.

예수님은 자신의 귀향을 미루시면서까지 제자들로 하여금 자신에게 주어진 소명의 중대성을 깨닫게 하셨다. 그들은 그 나라에 관한 소식을 온 세상에 전해야 했다. 나는 그분이 이 사실을 제자들에게 말씀하시고 그들을 위해 그 내용을 다시금 강조하셨을 때, 그들은 바로 며칠 전에 예수님이 "이 천국 복음이 모든 민족에게 증거되기 위하여 온 세상에 전파되리니 그제야 끝이 오리라" 마 24:14 고 선언하신 말씀을 여전히 기억하고 있었을지 의문이 생겼다.

따라서 그 나라를 최고의 우선순위로 경험하고 증거하는 일 외에 그 나라를 확장하는 일을 추가해야만 한다. 그리고 안과 의사와 치과 의사의 생각과 생활 방식에 그런 결과를 심어 준 것이 바로 이 말씀이었다.

그 사람들은 어떤 엄청난 비전을 보았거나 감정이 격화되는 부르심을 받았다고 주장하지 않는다. 그들은 자신에게 주어진 책임과 자신의 기술, 자신의 열망, 우선순위를 현실적으로 살펴본 후, 자신의 전문 기술을 그 나라를 확장하는 일에 적극적으로 활용해야 한다고 결론 내렸다. 그들은 이미 가정 안에서 매일의 삶 가운데 그런 일들을 하고 있지만, 그 나라를 확장해야 한다는 우선순위는 그들로 하여금 자신의 기술을 활용하고 자신의 자원을 분배하는 방식을 재평가하도록 압박한다.

나의 경우 그 나라를 확장하는 구현 방식에 있어서 이들과는 방향을 달리한다. 나는 혈기왕성한 20대의 대부분을 한 번도 교회에 다녀본 적이 없는 수많은 영국 젊은이들에게 복음을 전하는 데 할애했다. 나는 친구들과 함께 그들에게 효과적으로 다가가는 방법들을 연구했다. 그 당시 젊은이들 사이에서는 장발이 유행하고 있었으며, 자신들이 좋아하는 음악을 마음껏 들으면서 커피를 마실 수 있는 어둡고 우중충한 지하 카페가 인기였다. 나는 곧 여유 시간이 주어지는 대로 그들의 어두운 지하 아지트로 찾아가 천국 복음을 전하기 시작했다. 그런데 시간이 지날수록 이들 젊은이들의 삶 가운데 그 나라가 확장되는 것을 보고자 하는 나의 열망이 감당할 수 없을 정도로 커졌다. 그것은 은행원으로서의 나의 직업보다 우선시되었다. 결국 나는 기존의 직업을 포기하고, 청소년 사역을 향한 하나님의 부르심에 적극적으로 순종하게 되었다.

그 나라의 확장에 참여하는 일은 최우선순위인 성도의 특권이자 의무라는 것을 인식하는 것이 자원의 재배치와 기술의 재평가로 이어질지_{앞서 말한 치과 의사와 안과 의사의 경우}, 혹은 전혀 새로운 직업으로 이어질지는_{나의 경우} 오직 정도의 차이일 뿐이다. 만일 내가 '먼저 그 나라'를 나의 활동 원리로 받아들인다면 그것은 다른 어떤 영역보다 그 나라를 확장하는 일에 헌신한다는 것을 의미한다.

이 대목에서 당신은 작은 목소리로 이렇게 중얼거릴 것이다. 정신없이 바쁜 일과 속에서 그 나라를 확장하는 데 필요한 시간을 어떻게 찾아낼 수 있을까?

물론 내가 당신의 주간 활동표에 무언가를 추가해야 한다고 주장하고 나설 수는 없다. 단지 당신의 사고방식을 약간 바꾸어보라는 것이다. 당신은 하루를 시작하면서 하나님께 이렇게 아뢸 수 있다. "주님, 오늘도 하루가 시작됩니다. 오늘 내가 해야 할 일은 이런 일, 저런 일 그리고 또 다른 일이 있습니다. 그 밖에 내 일정표에 다른 일을 추가할 필요는 없습니다. 오늘 하루 온전히 그 나라를 생각하면서 지낼 수 있도록 도와주세요. 그래서 내가 맺은 계약과 내가 결정한 선택, 그리고 내가 보이는 반응들이 당신의 나라를 드러내고 확장하는 일에 초점이 맞춰질 수 있게 해주세요."

한번 시도해보라. 이런 일은 힘들어 보이고, 어쩌면 비현실적으로 생각될 수도 있다. 그러나 이를 통해 새로운 마음 자세가 개발될 수 있고 옛 습관을 바꿀 수 있다. 그것도 더 좋은 쪽으로 말이다.

> **Key Point**
>
> 예수님은 우리에게 그 나라를 열방에 전하는 것이 제자된 우리의 사명이라는 것을 분명하게 일깨워주셨다. 따라서 그 나라가 먼저일 때, 그 나라의 확장은 우리의 중대한 흥미의 대상이자 관심사가 된다.

11장
주님께 모두 맡기라

••• 어느 화창한 날 어머니와 아들이 숲 속을 걷고 있었다. 어머니는 최근에 '정신이 물질에 승리를 거둘 수 있다'고 주장하는 가르침에 푹 빠져있었다. 그때 갑자기 그들 앞에 곰 한 마리가 나타났다. 어린 소년은 얼른 도망갔지만, 그의 어머니는 그를 불러 세웠다. "걱정할 거 없단다. 애야!" 어머니가 아들

우리가 그 나라를 최고의
우선순위로 삼을 때 비로소
삶 가운데 일어나는
일반적인 걱정거리들과
맞서 싸울 수 있게 된다.

에게 말했다. "이 곰은 우리를 해칠 수 없어. 너도 그 사실을 알고 나도 알아."

"엄마가 그걸 알고 있다는 것은 나도 알고요, 내가 알고 있다는 것도 알아요." 겁에 질린 꼬마가 말했다. "하지만 저 곰도 그것을 알고 있을까요?"

교사들이 이론을 가르치는 것은 비교적 쉬운 일이지만, 일단 교실을 벗어난 학생들에게 그 이론을 반드시 적용하게 만드는 것은 쉬운 일이 아니다. 곰이 나타나기 전만 해도 소년은 어머니가 설명한 강력한 이론을 자신이 이해하고 있다는 사실을 조금도 의심하지 않았다. 그러나 몇 백 킬로그램은 족히 나가는 굶주린 육식 동물이 출현하자 그의 생각은 정지되었다. 그리고 적어도 곰이 그의 앞에 서서 자기 앞발을 핥고 있는 동안은 그 이론에 대한 의심이 사라지지 않았을 것이다.

성경의 가르침도 이와 마찬가지다. 걱정하지 말라는 가르침을 생각해보자. 예수님은 우리가 걱정하는 수많은 일들에 대해 걱정할 필요가 없다고 분명히 말씀하셨다. 설교자가 자신의 확신을 전하고 있는 경건한 예배에서 교인들의 걱정은 놀라울 정도로 신속하게 사라진다. 그러나 그 걱정들이 얼마나 신속하게 회복되는지 아는 순간 놀라게 된다. 물론 우리가 그 온전한 가르침을 우리 마음 가운데 받아들이지 않는다는 가정 하에서 말이다. 우리가 그 나라를 최고의 우선순위로 삼을 때 비로소 삶 가운데 일어나는 일반적인 걱정거리들과 맞서 싸울 수 있는 위치에 있게 된다. 왜냐하면 예수님이 이렇게 말씀하셨기 때문이다. "만일 너희가 내가 관심을 기울이고 있는 일을 추구하면, 나는 너희를 걱정하게 만드는 것들을 돌봐줄 것이다."

유명한 선교사 허드슨 테일러의 손자인 제임스 허드슨 테일러 3세James Hudson Taylor III가 어린 소년이었을 때, 그와 그의 형제들은 부모가 중국의 변방 지역에서 사역하는 동안 말레시아에 있는 기숙학교로 보내졌다. 그리고 이 차 세계 대전이 일어났고, 어린 제임스와 그의 형제들을 비롯한 수백 명의 다른 학생들은 일본군에게 붙잡혀 포로 수용소에 갇히게 되었다. 그 뒤 몇 년 동안 선교사 부부는 자녀들과 연락이 두절된 채 지내야 했다. 그리고 마침내 그 가족들이 아무런 사고 없이 다시 만나게 되었을 때, 테일러 여사는 주님이 자신에게 주신 간단하면서도 분명한 메시지에 대해 들려주었다. "너는 내가 중요하게 생각하는 것들을 돌보고 있으니 나는 네가 중요하게 여기는 사람들을 보살펴주겠다." 그리고 이 확신이 주는 능력을 바탕으로 그녀는 그 힘든 순간을 이겨낼 수 있었다.

다행스럽게도 우리 가운데 그런 상황에 처할 사람은 없을 것이다. 그렇지만 걱정이 생기고 그 나라가 우리의 우선순위의 첫 번째 자리에서 밀려날 때 우리에게 시험이 다가올 것이 확실하다.

어쩌면 우리는 그 나라의 우선순위들과 걱정을 이기는 승리 사이에 명확한 관계를 설정해두어야 할 필요가 있을 것이다. 그 관계는 어떤 것인가? 그리고 어떻게 작용하는가? 그것은 왕이신 예수님과 관계된 것이다. 그분은 하늘 보좌에서 승리 가운데 다스리시며, 알맞은 때 자기 대적을 물리치시고, 마귀를 멸하시고, 자신의 영원한 나라를 세우시고, 새 하늘과 새 땅을 창조하실 자신의 시간을 기다리고 계신다. 영광스러운 부활을 통해 사망을 이기시고 영원한 생명의 능력 가운데 사시는 분은 왕이신 예수님이다. 예수님은 성령님의 인격 안에서 신자들의 마음과 삶 가운데 거하시면서, 그들의 가장 깊은 곳에 내재된 본성을 강건하게 하신다. 그리고 제자들의 삶을 책임지시고 그들의 안녕을 보장하신다.

바울은 빌립보 교회의 성도들에게 이렇게 말했다.

"아무것도 염려하지 말고 오직 모든 일에 기도와 간구로, 너희 구할 것을 감사함으로 하나님께 아뢰라 그리하면 모든 지각에 뛰어난 하나님의 평강이 그리스도 예수 안에서 너희 마음과 생각을 지키시리라"(빌 4:6-7).

그러면 우리는 무엇을 해야 하는가? 간구와 감사함으로 기도해야 한다. 기도는 우리가 주님과 맺고 있는 관계 가운데 아뢰는 부분이다. 듣는 부분은 그분의 말씀인 성경 가운데 우리가 깊이 잠기는 것이다. 모든 좋은 인간 관계에서와 마찬가지로 하나님과 우리 사이에도 커뮤니케이션이 절대적으로 필요하다. 그리고 커뮤니케이션에는 듣는 것과 말하는 것이 모두 포함된다. 따라서 건강한 믿음에는 언제나 효과적인 기도가 들어 있다.

우리는 어떻게 기도해야 하는가? 다음과 같은 기도로 시작할 수 있다.

주님, 저는 걱정꾼입니다. 주님도 아십니다. 그리고 나는 그런 일로 걱정하느라 시간을 보내서는 안 된다는 것을 압니다. 그렇지만 그 일은 제게 중요한 것입니다. 그게 저의 문제입니다. 물론 그 나라가 가장 중요해야 합니다. 하지만 다른 일들은 너무 쉽게 그 자리를 끼어듭니다. 그러니 제가 당신의 나라를 무엇보다 우선한다면, 왕이신 당신은 나의 관심을 당신의 우선순위로 삼아주실 것임을 진정으로 믿을 수 있게 도와주십시오. 바라옵기는 주님의 영이 나의 마음 가운데 역사하셔서 만일 내가 나의 에너지를 그 나라를 경험하고 증거하고 확장하는 데 쏟는다면, 주님은 나 혼자서만 해결할 수 있다고 생각하는 세상의 문제 가운데서 나를 위하여 거룩하신 능력을 발휘하실 것임을 확실히 믿게 하옵소서. 저는 주님이 저에게 하라고 명하신 일들을 주님이 대신 해주실 것이라 믿고, 무책임하게 행동하기를 원치 않습니다. 마찬가지로 믿음이 없는 것도 원하지 않습니다. 주여, 내가 믿나이다. 나의 믿음 없음을 도와주소서.

이런 기도를 통해 우리는 우리가 그분의 관심과 주목을 받고 있다는 사실을 분명히 알고, 그분께 특정한 영역에서 우리가 걱정하는 것을 간구할 수 있다. 그 걱정거리를 모두 종이에 기록하고, 그분에게 솔직하게 아뢰고, 숨기지 말라. 그리고 그분이 기본적으로 자신의 자녀들을 위해 행하시겠다고 말씀하신 것들을 당신을 위해 시행해달라고 간구하라.

그러나 이 모든 일은 감사함으로 행해야 한다. 왜냐하면 하나님의 보좌 앞으로 나아가는 일은 너무도 대단한 특권이어서, 우리는 그 일에 대해 그분에게 감사하기를 멈추어서는 안 되기 때문이다. 둘째로 '감사'는 믿음의 언어다. 감사하다고 말씀드리는 것은 청중들이 왕에게 드리는 공손한 답례의 말일 뿐 아니라, 우리의 기도가 응답받았다는 것을 믿고 있으며 또한 우리가 가장 적합한 응답을 받을 날이 멀지 않았다는 것을 신뢰함을 가리킨다.

그런 다음 모든 지각을 뛰어넘는 약속된 평강이 우리 삶 가운데 스며들기를 기대하라. 그렇다고 모든 게 다 잘된다는 의미는 아니다. 그 나라를 우선한다는 것은 이상적인 환경이나 도전 그리고 지불해야할 비용과는 전혀 상관이 없으며, 오직 만성적인 걱정으로부터 해방되고 모든 것이 괜찮을 거라는 확고부동한 지식을 경험하는 것을 뜻한다. 그런 환경 가운데 임하는 평화는 진정으로 우리의 지각을 초월하는 것이다.

> **Key Point**
>
> 우리가 그 나라를 최고의 우선순위로 삼을 때, 하나님은 우리가 걱정하고 관심을 갖는 것들을 그분의 우선순위로 삼아주신다. 그래서 우리를 대신하여 세상의 어려운 문제들을 해결해주신다.

12장
현실을 대하는 하나님 나라 백성의 관점

••• 당신은 머리를 냉장고 안에 넣고 발은 불이 붙은 아궁이 안에 넣은 채로 잠을 자는 사람에 대해 들어보았는가? 그 사람은 양 극단의 균형을 맞추길 원했다. 그는 차가운 것과 뜨거운 것이 조화되어 이상적인 체온을 유지할 것이라고 기대했을 것이다. 그러나 그가 잠자리로 택한 곳은 분명 위험스럽고 불편한 곳이었다.

극단이란 그런 것이다. 예를 들어, 우리는 너무도 영적인 것에 마음을 쓰느라 땅에서는 아무짝에도 쓸모없는 사람이 될 수도 있다. 아니면 우리의 생각은 너무나 땅의 것에 매여 있어서 영적인 만족과 비전이 결여될 수도 있다. 이런 일은 우선순위에 대해 이야기할 때 너무도 분명히 일어난다. 실용적인 것을 추구하는 사람은 자신의 삶을 지배하는 방법들과 일정한 틀을 가지고 있기도 하다. 이 분야에 대해 벤저민 프랭클린 Benjamin Franklin보다 더 열심히 노력한 사람은 없다. 그는 열세 가지의 기본 덕목 cardinal virtues을 목록으로 만든 다음, 매주 그 가운데 하나를 뽑아 집중하였으며, 이런 과정을 일 년에 4차례 수행할 수 있다는 결론을 얻었다. 그렇지만 그는 엄격한 훈련을 거친 다음, 처음 13주 과정을 완성하기도 전에 그 과정을 포기했다. 그리고 완벽함은 무엇보다 앞서는 목표가 될 만한 가치가 없다고 말하고, 또한 "자애로운 사람은 친구의 체면을 세워주기 위해서라도 스스로 몇 가지 약점을 허용해야 한다"고 말했다. 자기 합리화의 극치가 아닐 수 없다. 게다가 프랭클린의 경우 영적 차원이 빠져 있다.

반면, 당신은 내가 그 나라를 첫 번째 우선순위로 강조하는 것이 지나치게 영적인 것이며 다분히 현실적이지 못하다고 생각할 수 있다. 그러나 예수님은 우리가 앞에서 살펴본 것처럼 현실적인 문제를 나 몰라라 하신 것이 아니다. 그분은 현실적인 문제들과 관련해서 세 가지 말씀을 하셨다. 첫째, 그것들은 가장 중요한 것이 아니다. 둘째, 그것들은 중요하지 않은 것이 아니다. 셋째, 만일 그 나라가 최고의 우선순위가 된다면 그것들은 올바른 자리를 차지하게 되고 알맞은 방식으로 해결될 것이다. 이와 관련 하나님은 다음과 같이 말씀하셨다.

> 예수님은 현실적인 문제들을 나 몰라라 하신 것이 아니다.

"너희는 먼저 그의 나라와 그의 의를 구하라 그리하면 이 모든 것을 너희에게 더하시리라"(마 6:33).

그분이 우리에게 더하여질 것이라고 말씀하신 것들은 우리가 걱정하고, 행동으로 옮기고, 야심을 갖고 있던 것들이다. 그리고 그분의 말씀은 만일 우리가 그 나라를 우리의 일로 받아들이면 그분은 우리의 문제들을 책임지실 것임을 의미한다. 나는 이것들을 앞에서 다음과 같이 분류하였다.

- 음식(Food)
- 의복(Fashion)
- 건강(Fitness)
- 미래(Future)
- 재정(Finances)

이런 것들은 누가 보더라도 현실적인 문제들이다. 영적인 사람은 그런 것들이 그 나라를 자신의 최우선순위로 삼은 사람의 생활 방식과 얼마나 잘 들어맞는지 안다. 그렇다면 그것은 어떻게 적용되는 것일까? 이제부터 하나씩 살펴볼 것이다.

음식

요즘 TV를 틀면 음식을 소재로 한 프로그램을 어렵지 않게 만나볼 수 있다. 요리에 관한 책은 베스트셀러 목록의 맨 윗자리를 차지하고 있으며, 역설적이게도 그 뒤를 바짝 뒤쫓고 있는 것은 다이어트에 관한 정보서다. 후자는 전자에 대한 해독제 역할을 하는 것이 분명하다. 황제 다이어트^{Atkins diet: 탄수화물을}

섭취하지 않고 단백질과 지방만으로 다이어트하는 방법-역주가 다시 크게 유행하면서 제과제빵 회사들은 안절부절 못하고 있다. 그들은 광우병이 맥도날드와 아웃백 스테이크하우스에 준 엄청난 타격을 목격하고서, 자신들의 회사에 불어 닥칠 파장을 걱정하고 있는 것이다. 그래서 그들은 자사의 제품에 탄수화물이 얼마나 적게 들어있는지를 홍보하는 데 총력을 기울이고 있다. 왜 그들은 하나같이 음식을 강조하는 것일까? 왜냐하면 음식은 중요한 것이기 때문이다. 그래서 사람들은 그것에 지나치게 빠져들고 있는 것이다. 실제로 음식은 너무도 중요한 것이어서 정부도 한몫 거들고 나섰다. 음식과의 또 다른 전쟁, 즉 '비만과의 전쟁'이 그 대표적인 사례다.

풍요로운 서방 세계에서 이런 일들이 진행되고 있는 동안, 지구 반대편에서는 1분마다 23명의 어린이들이 영양실조로 죽어가고 있다. 시사 주간지 〈이코노미스트 Economist〉가 지적한 바에 의하면, 과거에는 뚱뚱함이 부의 상징이었지만, 요즘 서구에서는 오히려 부자들은 날씬하고 가난한 사람들은 뚱뚱하다. 그 이유는 저소득층으로 갈수록 지혜롭게 음식을 먹지 못하고 섭취하는 영양분의 균형이 맞지 않기 때문이라고 한다.

그렇다면 나는 이와 관련해 무엇을 해야 하는가? 그 나라 백성의 한 사람으로서 음식에 접근해야 한다. 즉, 무엇보다 나 자신에 탐닉하지 말아야 하는데, 우리는 이것을 폭식이라고 명명한다. 폭식은 하나의 죄이며 나는 그 나라의 의를 드러내고자 하기 때문에 이를 절제해야만 한다. 또한 나는 천국 복음의 전파에 관심을 갖고 있으며 만일 사람들이 죽으면 그 복음은 아무 소용이 없게 된다는 것을 알고 있으므로 나의 자원, 특히 호화로운 음식에 사용되는 자원을 절약하여 불쌍한 사람들을 도울 수 있어야 한다. 당신은 이밖에도 당신 나름의 다른 방법들을 생각할 수 있다.

의복

서구 사회에서 남자들의 옷이란 '성공을 위한 수단'으로 인식되어 초과지출도 감수하게 만들거나 아니면 '자기 개성을 표출하는 수단'이 되어 '버스터즈 세대'나 'X세대' 혹은 'Y세대'로 —내가 알고 있는 것은 이 세대들밖에 없다 — 대변되는 연령층들이 재킷과 넥타이를 벗어던지고 편안하게 옷을 입는 현상으로 나타난다. 서로 반대 방향을 지향하고 있는 이 두 가지 접근 방식은 모두 철저하게 남을 의식하는 것이며 또한 자기 표현에 의해 이끌리는 것이다.

반면에 여성들은 옷에 엄청난 신경을 쓴다. 날씨, 최근의 유행, 누구를 만나는지, 그들을 어디서 만나는지, 무엇을 얻고자 하는지, 가장 최근에 만났을 때 무엇을 입었는지, 그리고 그 밖에 평범한 남성인 나로서는 절대 이해할 수 없는 수많은 이유들 때문에 옷에 변화를 준다.

그렇지만 나도 처음 목회 사역을 시작했을 때 일어났던 일로 인해 의복이 갖는 의미를 잘 알게 되었다. 내가 사역한 교회는 비교적 보수적인 도시 근교의 공동체로서 그 이후에 예수 운동The Jesus Movement으로부터 백 명가량의 도피자들이 흘러들어오게 되었다. 기존 교인들은 주일에 입는 가장 좋은 옷을 입고 교회에 출석했는데, 새로 들어온 형제와 자매들은 벼룩시장에서 구입한 옷을 입고 출석했다. 하루는 신앙 생활에 열심인 한 청년에 내게 찾아와 이렇게 말했다. "스튜어트 목사님, 저는 목사님이 신실하시다고 생각합니다. 그렇지만 목사님이 입고 계신 옷에 100달러를 지불했다는 사실 때문에 목사님이 하시는 말씀을 더 이상 믿을 수가 없습니다. 예수님이라면 그런

돈을 옷을 사는데 지출하지 않으셨을 겁니다. 그래서 저는 이제 더 이상 목사님 말씀에 귀를 기울이지 않으려고 합니다."

"형제님의 말을 들으니 재미있군요." 내가 말했다. "왜냐하면, 이번 주 초에 한 위원회 회장이 내게 이것보다 더 비싼 옷을 사 입는 것이 좋겠다고 조언했거든요. 그는 교인들이 내가 입은 옷을 보고 목사님 사례비가 너무 적은 것 아니냐고 수근거린다는 거예요!"

그 일로 나는 그 나라를 위해서, 내가 입은 옷을 통해 나도 모르는 사이 전해지고 있는 의미들을 조금 더 명확하게 할 필요가 있다는 것을 깨달았다. 옷은 그 나라를 위한 나의 사역에 영향을 미치기 때문이다.

그래서 나는 내가 입고 싶은 옷을 입기에 앞서, 내가 사람들 앞에 어떤 모습으로 비춰질 것인가에 대해 생각하기 시작했다. 그 결과, 경우에 따라서 단정하지 못한 편한 복장을 피하게 되었고 나를 마치 공룡처럼 보이게 했던 내가 좋아하는 스타일의 옷들은 일찌감치 포기하게 되었다. 더 이상 나의 패션 스타일에 개인적인 선호도가 영향을 미치지 않게 되었다. 더 커다란 쟁점이 상황을 지배하게 된 것이다.

건강

앞서 몇 년 전에 나를 찾아와 나의 육신의 몸이 끝나면 나의 영적인 사역도 끝날 것이므로 신체의 건강에 초점을 맞추어야 한다고 말해준 미식 축구 감독들에 대해 이야기한 적이 있다. 그 말에 나는 시간의 제약은 물론이고, 동기에 관한 문제도 생각해야 했다. 특히나 위스콘신 주에서 겨울을 보낼 경우에 말이다. 이른 아침 영하로 떨어져 결빙 상태가 된 도로는 내가 생각하는 낙원이 아니었다. 꾸준한 조깅을 통해 줄어든 몸무게를 확인하는 것도, 샤워하다가 수염에 들러붙었다 녹아내리는 고드름이 주는 상쾌한 기분을 느끼는 것도, 혹은 나의 시간이 알차게 활용되는 것을 보고 느끼는 만족감도 내가 운동을 계속하게 만들지는 못했다.

그렇지만 그 나라에 대한 생각은 그것을 가능하게 했다. 내가 그 나라를 정말로 위한다면 그 나라를 위해 건강한 신체로 단련하고 그 싸움을 위해 목소리를 높일 날렵한 사람이 되는 것이 당연하다. 만약 내가 쇼파에 반쯤 누워 포테이토칩을 먹으며 TV만 보는 둔한 몸집의 게으른 사람이 되어서는 양심의 가책을 받을 수밖에 없을 것이다. 그리고 나는 신체적 건강이 그 나라 백성이 될 수 있는 나의 능력에 긍정적 변화를 가져다 줄 수 있다는 사실을 조금도 의심하지 않았다.

미래

예수님이 다루셨던 사람들은 어떻게 하면 자기 목숨을 연장할 수 있을까 걱정하고 있던 사람들이었으며, 그분은 그들에게 그런 걱정은 인생에 아무 도움이 되지 않는다고 분명히 말씀하셨다. 만일 예수님이 시공간을 넘나들며 현대 과학 이론을 적용해 그들에게 설명하실 수 있었다면 "걱정은 수명에 치명적인 역효과를 미친다"고 말씀하시면서 그 증거를 보여주셨을 것이다.

오늘날 서구 사회에서 영원한 젊음의 묘약을 찾는 발걸음이 더욱 빨라지고 있다. 흰머리는 염색을 하고, 주름살은 펴고, 최신 운동 시설과 재미 거리들이 가득한 노인 요양원을 찾는 사람들도 늘고 있다. 그래서 마치 나이를 먹고, 마침내 일생을 마감하는 일은 반드시 피할 수 있고, 생애 마지막 날은 무한히 미룰 수 있을 것처럼 보인다. 사람들은 은퇴 이후에 풍족한 삶의 살기 위해 노후 대책의 시기를 점점 앞당기고 있다.

그러나 그 나라 백성들은 이 모든 것들을 다르게 본다. 그들은 자신에게 주어진 삶은 오직 한 번뿐이며, 그 삶은 그 나라를 경험하고, 드러내고, 확장하는 일에만 헌신되어야 한다고 믿는다. 따라서 그들은 미래를 이땅에서 그들이 사는 동안 하나님이 허락하신 역할을 성취할 수 있도록 그분이 자신들에게 하사한 기회로 본다.

그 나라 백성은 매일매일을 자신의 삶 가운데 남은 마지막 날로 보며, 그 가운데 축복의 통로이자 변화의 주체가 될 방법을 모색한다. 그들은 왕이 자신들에게 맡겨주신 세상에 어떻게 참여할 것인지 세세한 부분까지 모두 그분의 뜻을 묻고 의탁한다.

재정

'땅 위에 보물 쌓아두기'는 우리가 살고 있는 세상에서 가장 인기 있는 목표다. 그리고 왜 그런지 그 이유를 알아보는 것은 그리 어려운 일이 아니다. 땅 위의 보물은 사람들의 삶을 더

욱 풍족하고 편리하게 만들어주며, 때로 더 오래 살 수 있도록 해준다. 많은 재물을 가진 사람들은 더 큰 집에서 살고, 더 근사한 곳에 머물며, 더 좋은 차를 타고, 비행기에서도 더 좋은 좌석에 앉으며, 자신이 하기 싫은 일을 대신 해주는 사람들을 고용하는 등 사치스러운 삶을 영위한다. 그러니 그 누가 땅 위에 보물을 쌓는 일을 우선순위로 삼지 않겠는가?

그러나 예수님의 말씀에 순종하는 그 나라 백성들은 다르다. 예수님은 우리가 이땅에서 살아가는 동안 눈앞의 이익과 미래의 안전을 위해 부를 쌓아두는 일에 빠져서 우리가 왜 이곳에 있으며 장차 어디로 가야할지에 관한 중요한 문제에 소홀해지지 말 것을 경고하셨다.

탐욕은 그 나라를 드러내지 못한다. 자기 도취는 그 나라의 왕을 높이지 못한다. 그리고 쌓아두는 것은 그 나라를 확장시키지 못한다. 우리는 일하도록 지음을 받았기 때문에 열심히 일해야 한다. 우리는 우리 이웃을 위해 가치 있는 재화와 용역을 만들어내야 하며, 그 가치 가운데 주어진 우리의 몫을 우리가 들인 노력에 대한 정당한 보상으로 받아들여야 한다. 단, 우리는 부를 얻을 수 있는 능력을 주신 분이 하나님이심을 언제

나 잊지 말아야 한다. 왜냐하면 그분은 우리가 의미 있는 노동에 전념할 경우 가치를 창출할 수 있도록 에너지, 시간, 기술과 같은 것들을 주시기 때문이다. 따라서 우리는 이 모든 가치 창출 요소들이 일차적인 하나님의 선물이라는 사실을 잊지 말아야 하며 우리 자신이 만들어낸 산물 역시 그분의 선물임을 알고 그 나라 백성으로서 잘 관리해야 한다. 동시에 이를 그 나라를 증거하고 확장하기 위한 방법으로 활용해야 한다.

예수님은 사람들이 음식, 의복, 건강 그리고 그 밖에 'F'로 시작하는 다른 여러 가지 항목들에 관심을 갖고 걱정하는 것을 비난하지 않으셨다는 사실은 중요한 의미를 갖는다. 그분은 자신 역시 그런 것들에 대해 관심을 갖고 걱정하고 계셨음을 보여주었다. 그러나 그분은 사람들이 그런 것들에 대해 올바른 관점을 갖는 데 관심을 두셨다. 그분은 청중들에게 그 나라가 있어야 할 자리에 있게 되면, 다른 모든 것 역시 제자리에 있게 될 것이라고 확실하게 말씀하심으로써 이를 분명히 보여주셨다. 그들은 이 모든 삶의 문제에 관한 자신의 생각과 열망과 행동들을 정리할 것이고, 그것을 통해 왕이 높임을 받으시고 그 나라가 증진될 것이기 때문이다. 결국 그들의 삶은 더욱 풍성하고 충만하며 더욱 의미가 깊어질 것이다.

> **Key Point**
>
> 그 나라에 속한 사람들은 의식주, 건강, 재정 등 현실적인 문제들을 대할 때도 그 나라의 관점에서 접근해나가야 한다. 이때 각 개인이 처한 상황과 문제를 고려하여 세상과는 구별된 방법을 적용해야 한다.

결론
시간을 구속하라

    나는 막내 아들이 십대였을 때 참석했던 한 모임에서 의장이 나를 독특하게 소개했던 것이 기억난다. 그는 나에 대해 아무런 소개introduction가 필요 없고 다만 결론conclusion이 반드시 필요한 사람이라고 말했다. 당신도 분명 동의하리라 확신한다. 그것을 뒷받침할 결론을 제시하고자 한다.

1. 당신은 자신의 삶이 제멋대로 진행되고 있다고 느끼는가? 오늘도 시간이 충분하지 않다고 느껴지는가? 그리고 스트레스와 좌절감에 빠지는 시간이 너무 많다고 느껴지는가?

2. 당신은 현재 당신이 갖고 있는 우선순위를 조심스럽게 점검할 필요가 있다는 사실을 인정하는가?

3. 당신은 하나님 나라가 다른 어떤 것보다 앞서야 한다는 원칙을 받아들이는가?

4. 당신은 분명한 의식 가운데 자신의 과거와 현재, 미래를 예수님께 온전히 맡기면서 그분에게 당신의 과거를 용서해주시고, 현재를 다스리시고, 미래를 보장해달라고 요청한 적이 있는가?

5. 당신은 매일매일 생각하고, 의사결정을 하며 행동하는 가운데 하루 24시간을 그 나라를 경험하고, 증거하고, 확장할 수 있는 기회로 기꺼이 삼고 있는가?

6. 당신은 현재의 생활 방식으로 당신을 부르신 왕께서 그 삶을 능히 살아갈 수 있도록 당신에게 능력을 부어주실 것이라 믿는가?

7. 당신은 시간 도둑을 몰아내는 일에 관심을 가지고 있는가? 또한 당신에게 삶이라는 선물을 주시고, 그 삶을 많은 시간으로 채워주시고, 또한 그 삶을 충만하게 하는 방법을 보여주신 그분을 환영하는 일에 흥미를 느끼는가?

먼저 할 일을 먼저 하라, 먼저 그 나라를!

시간 도둑

1쇄 인쇄 / 2008년 7월 3일
1쇄 발행 / 2008년 7월 20일

지은이 / 스튜어트 브리스코
옮긴이 / 마영례
펴낸곳 / 주)도서출판 디모데 〈파이디온선교회 출판 사역 기관〉

등록 / 2005년 6월 16일 제319-2005-24호
주소 / 서울 강남구 개포동 1164-21 파이디온 빌딩 6층
전화 / 영업부 02) 574-2630
팩스 / 영업부 02) 574-2631
홈페이지 / www.timothybook.com

값 7,300원
ISBN 978-89-388-1382-4
Copyright ⓒ주)도서출판 디모데 2007 〈Printed in Korea〉

인생을 변화시키는 디모데의 책들

강아지 성도 고양이 신자
주인 되신 하나님과 올바른 관계 세우기

오늘날의 그리스도인은 하나님과의 관계에서 내가 주인인 삶을 산다. 이 책에서는 강아지와 고양이의 특징을 그리스도인에 비유하여 강아지 성도와 고양이 신자라고 명명하고, 그리스도인들이 품고 있는 사고방식에 깊이 있고 의미 있는 도전을 제기한다. 그리고 자기 사랑에 입각한 자기 만족의 신앙에서 벗어나 크신 하나님을 바라볼 것을 촉구한다. 우리는 이 책을 통해 이기심으로 포장된 잘못된 믿음의 실체를 벗고 하나님과의 올바른 관계를 회복할 수 있다.

밥 쇼그린, 제럴드 로비슨 지음 | 김창동 옮김 | 304쪽 | 11,000원

인생을 바꾸는 축복의 말
말로 선포된 축복의 능력

말로 표현된 축복이 몇 년간의 쓰디쓴 상처로부터 자유하게 한다면 이보다 더 큰 기적이 어디 있을까? 말로 표현된 축복이 남편과 아내의 벽, 부모와 자녀의 벽, 친구 사이의 벽을 허물어버릴 수 있다면 어떨까? 당신이 축복의 말로 표현할 때, 주님은 하나님의 능력 있는 이름과 살아 있는 말씀을 사용하셔서 당신이 축복하는 사람들의 삶에 역사하실 것이다.

빌 가써드 지음 | 조은혜 옮김 | 101쪽 | 6,000원

인생을 변화시키는 디모데의 책들

하나님의 인생 레슨

삶은 우리에게 시련을 주지만 하나님은 우리에게 레슨을 주신다

하나님은 당신을 가장 소중하게 여기신다. 그분은 당신이 지금 처한 상황이 아무리 어렵더라도 당신의 삶 가운데 그 일들이 선한 결과로 드러나도록 사용하신다. 하나님은 당신이 겪고 있는 어떤 문제보다 더 큰 분이시다. 하나님이 당신의 삶을 더 아름답게 만드실 수 있다는 것을 믿으라. 그분은 인생의 가장 어려운 문제들에 대한 해답을 가지고 계시다.

릭 워렌 지음 | 김창동 옮김 | 248쪽 | 10,000원

내 힘으로 일하는 사람 하나님 이름으로 일하는 사람

성령의 능력과 은사를 경험하기

우리는 매사에 최선을 다했다며 자족하는 때가 많다. 하지만 우리가 한 최선의 노력을 성령의 능력과 비교해본다면 어떨까? 세상이 정말 볼 필요가 있는 것은 우리의 능력인가, 아니면 하나님의 능력인가? 이 책은 당신의 삶에서 성령의 역할에 관한 성경적인 가르침을 재조명하고, 타고난 재능과 영적 은사 간에 존재하는 혼동을 바로잡으며, 하나님의 계획이 당신을 조정하도록 도울 것이다.

헨리 & 멜 브랙커비 지음 | 박혜경 옮김 | 102쪽 | 6,000원
워크북 115쪽 | 6,000원